KB138384

미래를 위한 새로운 생각

유나와 요제피나,

나의 소중한 딸들을 위하여

Unsere Welt neu denken: Eine Einladung
by Maja Göpel
Copyright ⓒ by Ullstein Buchverlage GmbH, Berlin.
published in 2020 by Ullstein Verlag

미래를 위한 새로운 생각

우리는 더 이상 성장해서는 안 된다

마야 괴펠 지음 | 김희상 옮김

**과부하로 폭발 직전에 처한 지구,
지금 우리에게 가장 시급한 생각과 행동은 무엇인가**

🌱 나무생각

차례

초대장:

**우리는 모두 알고 있다.
이대로는 안 된다는 것을!**

인류는 20세기 중반에 우주에서 보는 지구의 모습이 어떤지 처음으로 경험했다. 아마도 미래의 역사학자들은 우주에서 바라본 지구의 모습이 우리 인간의 의식을 근본적으로 바꾸어놓았다는 사실을 확인하게 되리라. 그리고 이런 의식 변화가 우주의 중심에서 지구를 몰아낸 16세기 코페르니쿠스 혁명보다 더 철저하게 인간의 생각을 흔들어놓았다는 점도 미래 역사학자들은 주목하리라.

—〈브룬틀란 보고서Brundtland Report〉 중에서

2019년 10월 런던에서의 일입니다. 아침 러시아워에 두 명의 남자가 지하철 열차의 지붕 위로 올라갔습니다. 그 탓에 열차는 바로 출발할 수 없었고, 열차를 타고 출근하려던 사람들은 객실 문이 닫힌 열차 앞에서 발을 동동 굴렀습니다. 두 남자의 시위가 지하철 운행을 완전히 마비시키는 바람에 플랫폼에서 발이 묶인 승객들은 시간이 갈수록 더 늘어났으며, 불만의 목소리도 커져갔습니다. 사람들은 지각할 수밖에 없다는 사실에 슬슬 짜증을 내기 시작했습니다. 그때 두 남자가 열차 지붕 위에서 현수막을 펼쳐들었습니다. 현수막에는 이런 문구가 적혀 있었습니다.

"Business as usual = Death"

이 말을 그대로 풀면 "지금껏 하던 대로 계속하면 죽음뿐이다."라는 뜻입니다. 출근길의 시민들에게 '지금껏 하던 대로 계속한다'는 말은 사무실이나 공장으로 일하러 간다는 의미일 것입니다. 컴퓨터 앞에 앉아 문서를 작업하거나 회의에 참석하거나 기계로 무얼 만들거나 주문하며, 매출과 순익을 끌어올리고 성장에 기여해야 먹고살 수 있지요. 월세를 내고 아이들과 자신을 위해 뭔가 사려면 돈이 필요하고, 대출이라도 받으려면 직장이 확실해야 합니다. 요컨대, "지금껏 하던 대로 계속 살아가는 인생"은 우리 모두가 익히 아는 대로 익숙한 생활을 이어가는 것입니다.

그게 뭐가 잘못인가요? 아니, 뭐가 어떻다고 심지어 죽음까지 들먹이는 걸까요?

이 가을날 아침 출근길에 열차 지붕 위로 올라간 두 명의 남자는 이른바 'XR'이라는 환경 운동 단체 회원들입니다. 'Extinction Rebellion'의 약어인 'XR'은 '멸종에 저항하라'는 뜻입니다. 2018년 5월 영국에서 결성된 이 환경 운동 단체가 말하는 멸종은 단순히 동물의 멸종을 뜻하는 게 아닙니다. 빠르게 줄어드는 고래, 꿀벌 혹은 백곰의 개체 수를 염두에 둔 게 아니라, 이들은 고유한 종인 인류의 멸종에 맞서 싸워야 한다고 주장합니다. 그 어떤 비꼼이나 반어적 표현을 담은 게 아니라, 우리 자신의 멸종을 직접적으로 경고하고 있지요.°

등교 거부 운동으로 전 세계적인 환경 운동을 촉발시킨 소녀

그레타 툰베리Greta Thunberg와 비교하면, 이 단체의 회원들은 기후와 환경보호를 기치로 내건 시민운동가들이며, 지구온난화를 막을 지속적인 정책을 요구하고 구체적 대안까지 제시합니다. 공공의 일상을 방해하는 시위도 서슴지 않습니다. 하지만 기본 원칙은 비폭력이며, 알록달록한 의상을 입고 이벤트를 벌이기도 합니다.

이날 아침에는 수백 명의 시민운동가들이 인간 띠를 이루어 도로나 다리를 가로막고, 서로 팔짱을 낀 채로 공항 로비를 점거하기도 했습니다. 폭력 없이 되도록 많은 사람들이 확실하게 감지할 수 있도록 기후변화와 생명 파괴의 진짜 원인을 밝히고자 한 것이지요. 그들이 말한 진짜 원인이 곧 우리의 '지극히 평범한 일상생활'입니다.

이날 지하철을 이용할 수 없었던 승객들은 분통이 터진 나머지 두 명의 시민운동가에게 샌드위치와 페트병 등을 던지며 당장 열차 위에서 내려오라고 소리를 질렀습니다. 그래도 꿈쩍 않자 시민 한 명이 열차 지붕 위로 올라가 두 남자를 플랫폼으로 끌어내렸고, 화가 난 일부 군중은 두 남자를 에워싸고 때리기까지 했습니다. 경찰이 출동해서 두 남자를 체포하고 나서야

○ 이 단체의 사례를 언급한 것은 비폭력적인 시민운동에 어떤 형태가 있는지 보여주려는 것일 뿐이다. 영국에서 이 운동을 개척한 선구자들의 몇몇 개별적 발언은 내 생각과는 거리가 멀다는 점을 밝혀둔다.

상황은 겨우 수습되었지요.

이 충돌은 한 조각의 빵, 한 모금의 깨끗한 물, 비바람을 막아줄 지붕 혹은 마지막으로 남은 휘발유 탓에 벌어진 게 아닙니다. 그저 출근길에 몇 분 늦어지는 지각이 불편해 벌어진 소동입니다. 한쪽은 세상을 구하겠다고 하고, 다른 쪽은 정시에 출근하고 싶어 합니다. 한쪽은 익숙한 생활을 깨려고 하고, 다른 쪽은 이 습관을 지키려 합니다.

양측 모두 자신과 자녀의 생존을 두고 염려한다는 점은 같습니다. 그런데 어찌 된 일인지 한쪽이 다른 쪽을 부정하는 것처럼 보입니다. 한쪽이 승리할 수 있으려면 다른 쪽은 패배해야만 합니다. 오로지 이것이냐 저것이냐, 우리냐 저들이냐 하는 대립만 있을 뿐입니다.

이런 모습이 앞으로 전개될 우리의 미래, 즉 기후변화가 가져올 미래가 아닐까요? 우리를 둘러싼 자연을 지키려는 투쟁이 이런 대립을 가져오리라는 건 분명합니다.

오늘날 세계에서는 몇십 년 동안 사회를 안정적으로 지탱해오던 시스템이 압력을 받고 있습니다. 인류는 하루가 다르게 늘어나는 에너지, 식량, 의약품을 소비하며, 더욱더 포괄적인 안전을 보장받아야만 합니다. 오늘날은 거칠게 말하자면 모든 것이 더 많아야만 하는 시대입니다. 물질과 자원은 거침없이 소비됩니다. 과학과 기술의 모든 분야는 오로지 발전만을 추구합니다. 정치 체계가 다른 나라들이 저마다 평화를 명분으로 내세우며 벌이는 군비 경쟁 또한 갈수록 심해집니다. 이렇게 모든 것이 갈수록 더 많이 요구되다 보니 자원도 거침없이 개발될 수밖에요.

이런 시대는 언젠가 끝날 수밖에 없습니다. 익숙한 세상이 끝장을 맞는다는 이런 경고는 아마도 큰 저항감을 불러일으킬 것입니다. 과소비 시대의 종말과 이후 펼쳐질 세상을 이야기하면 사람들은 뜨악한 표정을 짓거나 어깨만 으쓱합니다. 이런 경악과 저항감과 속수무책은 우리가 오늘날의 삶에 얼마나 익숙해져 있는지를 잘 보여줍니다. 거침없는 과소비를 그동안 우리는 지극히 당연한 것으로 여겨왔습니다. 우리 부모 세대에게는 특권으로 간주되던 것이 오늘날에는 대다수 사람에게 당연한 일상입니다.

동시에 우리는 "지금껏 해온 대로 계속하는 것"이 오래가지 않아 무너지리라는 점을 예감하고 있습니다. 우리 모두는 알고 있습니다. 이대로는 안 된다는 것을!

문제는 바다에 버려지는 플라스틱 쓰레기, 화염에 휩싸인 열대림, 또는 좁은 공간에 몰아넣는 가축 대량 사육뿐만이 아닙니다. 도심은 터져나가고 인구는 폭발하며 불평등은 심화되고 사람들은 번아웃으로 쓰러집니다. 유전공학과 디지털 산업이 불러올 다층적이고 복합적인, 그 전모를 가늠하기 힘든 결과

역시 심각한 위기를 불러올 요인들입니다.

우리는 이미 오래전부터 시대가 변화하고 있음을 감지해왔습니다. 우리의 현재는 언제라도 무너질 것처럼 위태로우며, 미래는 세계 종말을 그린 영화들에서 보았듯 우리가 익히 아는 시나리오를 향해 거침없이 달려가는 형국입니다. 근대 이후 앞다투어 그려졌던 유토피아는 디스토피아가 되어버렸습니다. 미래를 긍정적으로 바라보던 희망 어린 시선은 근심과 두려움으로 뒤바뀌었지요. 미시적인 범위에서 높은 안락함을 약속해주는 해결책들도 글로벌 차원에서 그 후유증을 계산하면 심각한 위협이 되고 있습니다.

이제 거대한 전환점에 직면했음을 우리는 예감합니다. 앞으로 벌어질 일은 과거와 현재의 잣대로 설명하기 힘들 것입니다. 당연하게 여겨졌던 특허 처방은 허망하게 무너질 것이고, 어떤 문제를 풀기 위해 마련한 해결책은 더 심각한 다른 문제를 초래할 것입니다.

직면해 있는 수많은 문제들 가운데 어떤 것부터 다룰 것인가하는 논란도 갈수록 더 뜨거워질 것입니다. 하지만 여러 문제에 동시에 접근할 지렛대를 찾아낼 수 있다면 어떨까요? 당연하고 확실하게 여겨온 익숙한 습관들을 문제시하고, 그저 불안한 미래를 손 놓고 기다리는 대신 적극적으로 바람직한 미래를 꾸려갈 지렛대를 찾아낼 수 있다면 어떨까요?

이런 지렛대를 함께 찾아보자는 것이 제가 독자 여러분에게 초대장을 보내는 목적입니다. 미래는 그저 하늘에서 뚝 떨어지는 것이 아닙니다. 아무것도 하지 않는데 저절로 찾아오는 미래는 없습니다. 미래는 우리가 내린 결정과 그 실천이 모여 이루는 결과물이기 때문입니다.

그래서 저는 우리 모두가 살아가는 세계를 보다 면밀히 살펴보고 무엇이 가능한지 다시금 새롭게 생각해보기 위해 여러분을 초대하고자 합니다.

인류는 역사적으로 여러 차례 함께 지혜를 모으는 경험을 해왔습니다. 특히 위기를 맞았을 때 이런 노력이 이루어졌지요. 많은 기술혁신은 위기를 맞아 대안을 찾고자 하는 시도로 생겨났습니다. 재생에너지 개발도 좋은 사례입니다. 대부분의 사회 변혁은 그때그때 맞닥뜨리는 문제를 기존 방식과는 다르게 풀어낼 수 있다는 확신으로 일어났습니다. 여성이 선거권을 행사하고 정부 요직에 오른 변화만 해도 예전에는 꿈도 꾸기 힘들었던 혁신 아닌가요?

오늘날의 변혁은 사회의 일부분이 아니라, 전체를 포괄하는 차원에서 이루어집니다. 경제학에서는 이런 변혁을 '거대한 전환The Great Transformation'이라 부릅니다. 여기에는 경제, 정치, 사회, 문화 등 전반에 걸쳐 일어나는 혁신도 있지만 우리가 세계를 바라보는 '관점'의 변화도 포함됩니다.

'거대한 전환'의 대표적 예는 신석기 혁명, 또는 훨씬 더 나중에 일어난 산업혁명입니다. 신석기 혁명은 작은 집단으로 떠돌며 생활하던 유목민이 일정한 거주지에 정착하게 된 것을 말하는데, 이런 정착 생활은 세월이 흐르면서 봉건적인 농업 사회로 발전했습니다. 산업혁명의 경우는 18세기 후반 특히 화석에너지의 사용으로 경제와 사회를 전혀 다르게 조직하는 것을 가능하게 만들어주었습니다. 이로써 시민사회와 민족국가가 역사의 주역으로 등장했지요.

오늘날 우리가 사는 세상은 250년 전 산업혁명이 일어나던 때와 근본적으로 다릅니다. 그럼에도 우리는 세계를 바라보던 당시의 관점으로 오늘의 많은 문제들을 해결할 방안을 찾습니다. 이런 관점과 사고방식이 현재와 맞는지 시험해볼 생각은 하지 않습니다. 이렇게 습관으로 굳어진 사고방식에 의문을 던지고 미래를 위한 새로운 관점을 찾으려 노력할 때 우리는 21세기의 위기로부터 벗어나 바람직한 미래를 꾸려갈 지렛대를 찾을 수 있을 것입니다.

이 책은 기후 문제를 다룬 책이 아닙니다. 향후 몇 년 동안

○ 헝가리 경제학자 칼 폴라니Karl Polanyi가 주장한 이론으로, 그가 1944년에 발표한 책의 제목이기도 하다. 폴라니는 자본주의를 두고 '악마의 맷돌'처럼 인간을 갈아 파괴한다고 비판했다. 그는 시장경제가 인간과 자연환경을 치명적으로 파괴하기 때문에 지속가능하지 않다고 주장했고, 이후 경제학은 사회 전반에 걸친 포괄적 변화를 '거대한 전환'이라 불렀다.(옮긴이주)

지구상의 평균기온이 얼마나 상승할지, 이런 온난화가 생태계에 어떤 결과를 불러올지 하는 문제를 세세히 다루려는 게 아닙니다. 빙하가 녹아 해수면이 얼마나 높아질지, 해수면에 잠기거나, 또는 반대로 메말라서 사막으로 변하거나, 파괴적인 태풍으로 초토화되어 사람이 더는 살 수 없는 땅이 얼마나 될지 하는 문제도 언급하지 않습니다. 공룡이 사라지고 난 이후 동물종의 멸종이 어느 정도 규모로 일어났는지, 바다의 산성화는 어떤지, 물 부족, 기근, 역병, 난민 행렬과 같은 무수히 많은 위기 시나리오도 이 책은 이야기하지 않습니다. 전 세계의 학자들이 앞다투어 경고해온 이런 위기가 예측했던 것보다 훨씬 더 빠른 속도로 현실로 나타나고 있음을 밝히는 새로운 연구들은 차고도 넘칩니다.

저는 기후학자가 아닙니다. 저는 사회구조와 문제를 연구하고, 그중에서도 주로 정치경제학에 관심을 가지고 있습니다. 사람들이 어떻게 경제활동을 하고 공동체를 이루는지에 저는 주목합니다. 사람들은 자연환경과 어떻게 관계를 맺어나갈까, 타인과는 어떻게 관계를 맺어나갈까, 사람들은 자원(에너지, 물질, 노동력)을 어떻게 다루고 있을까, 노동과 교역, 그리고 돈의 흐름은 어떤 규칙으로 조직할까, 기술은 어떻게 발전시키고 어디에 사용할까, 이런 데 관심이 있습니다.

무엇보다 제가 관심을 가지는 문제는 위기를 맞았을 때 이를 해결할 방법은 어떻게 생겨나는지, 왜 특정한 개념은 우세한 반면, 다른 개념은 그렇지 않은지 하는 것입니다. 성공적인 해결책에는 어떤 이상과 가치, 그리고 이해관계가 배경으로 작용할까요? 그런 이상은 어디서 왔을까요? 오늘날 경제뿐만 아니라 우리의 생각과 행동, 심지어 감정까지 좌우하는 강력한 이론들이 만들어진 결정적 추동력은 무엇일까요? 나아가 왜 지난 250년 동안 이런 이론들로 다져진 이상과 가치관은, 오늘날의 자연 생태계와 사회가 처한 위기를 벗어나 지속가능한 미래를 여는 데 더는 도움이 되지 못할까요?

우리의 경제 체계가 마치 자연 생태계처럼 인간이 관여하지 않아도 자연스럽게 돌아가거나 발달하는 것처럼 여겨질 수도 있습니다. 하지만 인간이 만드는 경제 체계는 생태계와는 다르게 작동합니다. 우리 인간은 자신이 처한 상황을 판단하고, 규칙을 정해 상황을 바꿉니다. 이런 변화는 문화와 시장의 영향을 받습니다. 물론 자연적인 한계도 있습니다.

아무튼 이 변화에는 여러 가지 요소들이 함께 맞물려 작용합니다. 물론 경제 체계를 만들어낸 이상과 혁신이 이미 오래전부터 법과 제도와 습관으로 자리를 잡아 상식처럼 익숙하게 여겨지는 통에 잘 감지되지 않거나, 언제 어떻게 생겨난 것인지 추적하기 어렵기는 합니다. 그렇지만 우리가 익히 알고, 우리가 일궈온 세상이라는 것이 우리 스스로 만든 규칙이라는 것은 부정할 수 없는 사실입니다.

인류는 단 하나뿐인 지구라는 이름의 별에 살면서 산업혁명 이후 250년 남짓한 세월 동안 회복하기 힘들 정도로 이 별을 훼손해왔습니다. 어떻게 해서 이 지경까지 이르게 되었는지 이해하고자 한다면, 그동안 우리가 일궈온 경제 체계를 떠받든 이상과 구조와 법칙이 어떤 것인지 다시금 의식적으로 살펴야만 합니다.

'의식적으로 살핀다'는 말이 무슨 뜻일까요? 의식적으로 살핀다는 말은 자신이 무슨 일을 하는지, 왜 그 일을 하는지 질문하는 자세를 의미합니다. 학문은 의식적으로 살피는 것을 '반성적 접근 방식'이라 부릅니다. 반성적 접근 방식은 뭔가 배울 수 있는 기회를 제공합니다. 자신이 무슨 일을 하는지, 왜 그 일을 하는지 스스로 캐묻지 않는 사람은 다르게 행동하는 법을 배울 수 없습니다. 대안을 열린 자세로 찾지 않는 사람이 새로운 문제와 맞닥뜨려 내놓는 답은 이미 알고 있는 것의 복사판일 뿐입니다.

철저히 배경을 따져 묻고 기존과는 다른 답으로 실험을 감행할 때 우리는 진정한 자유와 창의적인 해결책을 찾을 수 있습니다. 극복해야만 하는 도전 과제에 케케묵은 해결책의 복사판으로 대응하는 대신, 기존 현실에 얽매이지 않는 반성적 사고는 적시에 새로운 대안을 만들어낼 기회를 베풉니다. 바로 그래서 저 또한 기꺼이 학자의 길을 택했습니다. 또 그래서 이 책을 쓰고 있기도 하지요.

이 책은 다양한 모델과 진단을 제시하는 여러 이론들 사이의 미묘한 차이, 통계 수치, 팩트 따위를 요약해놓은 개론서가 아닙니다. 이 책은 오늘날 감지되는 시대 변화를 되도록 알아보기 쉽게 굵직한 선으로 그려 보이며, 몇 가지 새로운 관점과 발상을 제공하려는 시도이고 그 결과물입니다. 옛것을 고집하면서 새로운 것을 가로막는 사람들의 고정관념에 달리 볼 관점이 얼마든지 있음을 중재해주고, 이로써 함께 지속가능한 미래를 탐색해나가는 과정에서 우리가 나아갈 방향을 잡았으면 하는 것이 이 책을 쓴 저의 바람입니다.

저는 빌레펠트 근교의 작은 마을에서 자랐습니다. 부모님은 아이들이 있는 몇몇 친구 부부들과 함께 낡은 농가를 한 채 사서 개축했습니다. 집은 각 가정이 저마다의 공간을 누릴 정도로 큰 편이었지만, 아이들은 그 집에서 늘 함께 붙어서 지내곤 했습니다. 오늘날까지도 그 집에서 함께 지냈던 아이들은 나에게 형제자매와 다를 바 없습니다.

우리는 모두 같은 학교를 다녔습니다. 새롭게 설립된 이른바 '대안학교'는 성적 평가를 하지 않았으며, 학생들에게 학습 보고서만 받았습니다. 오후에 아이들이 집에 돌아오면 어른들이 돌아가며 당번을 맡아 우리를 돌보았습니다. 그 덕분에 어른들은 모두 직업 활동을 계속할 수 있었지요. 아이들은 정원에 세워둔 무지개 색 트레일러 안에서 숙제를 하거나 놀기도 했습니다.(물론 트레일러는 우리가 무지개 색으로 칠을 했습니다.)

마을 사람들이 우리를 히피족 취급한 건 분명한 사실이지만, 우리 부모님들은 모두 어엿한 직업을 가지고 있었습니다. 저의 어머니와 아버지는 의사였습니다. 특히 질병 예방 개선과 트라우마 치료에 무척 헌신적이었지요. 두 분은 오늘날까지도 '핵전쟁 방지 국제 의사회'°의 회원으로 활동하고 있습니다.

연방공화국 독일의 1980년대 분위기에 비추어 볼 때 저의 어린 시절은 다른 아이들과 확연히 달랐습니다. 다양한 가정 출신으로 이뤄진 대안학교 친구들 덕분에 저는 생태 친화적인 농가에서 생활하며 성장하는 게 얼마나 귀중한 특권인지 깨달았지요.

물론 농가에서 어른들이 만들어주던 채식 버거는 그다지 좋아하지는 않았습니다. 그걸 먹을 때마다 최소한 콜라라도 마실 수 있길 간절히 바랐지만, 어른들은 콜라를 일체 주지 않았습니다. 그렇다고 내가 고기를 특별히 좋아한 건 아닙니다. 우리

° International Physicians for the Prevention of Nuclear War(IPPNW). 핵전쟁 방지와 핵무기 감축을 목적으로 1980년에 설립된 국제 의학 단체다. 1984년에 유네스코 평화 교육상을, 1985년에 노벨 평화상을 각각 받았다.(옮긴이주)

가 농가에서 주로 먹었던 것은 우유와 견과류, 그리고 버섯입니다.

그때는 체르노빌 원전 사고가 일어난 직후였습니다. 저는 지금도 주방의 식료품 보관실에 놓였던 큼지막한 분유 자루를 선명하게 기억합니다. 그리고 사고가 일어나고 나서 처음 며칠 동안 어른들이 들판에 나가 놀지 말라고 신신당부했던 것도 기억합니다. 방사능이 어느 정도로 퍼졌는지 그 규모는 불분명했습니다. 눈에 보이지도 않는 걸 어떻게 조심하라는 건지 그때 저는 어린 마음에 어리둥절했지요. 그 당시는 이란·이라크전쟁도 한창이어서 우리는 빌레펠트의 얀광장Jahnplatz에서 다른 친구들과 함께 평화 시위를 하기도 했습니다.

당시 저는 한 가지 의문을 품었습니다. 제가 아는 사람들은 누구나 사랑과 평화를 추구하고 빈곤의 극복과 아름답고도 안전한 환경을 원했습니다. 그런데 왜 우리는 이런 꿈을 실현하지 못할까요? 무엇이 우리 인간 사회를 그렇지 못하게 방해하고 있을까요?

서로 사랑하고 평화롭게 살기 원하면서도 끊임없이 싸워대고, 가난이 싫다면서도 누군가에게는 가난을 강제하는, 이런 모순을 풀 답을 찾고 싶다는 열망이야말로 오늘날까지 저를 움직이게 하는 동력입니다.

저는 독일과 스페인과 스위스와 캐나다에서 대학 공부를 했으며, 배낭을 메고 남아메리카와 미국을 여행했습니다. '독일 환경·자연보호 연맹BUND'에서 자원봉사로 일하고, '유엔 무역 개발 회의'에 참가하면서 홍콩과 멕시코 친구들과도 사귀게 되었습니다. 이들과 함께 글로벌 네트워크 '우리 세계는 파는 상품이 아니다Our World is Not For Sale'를 만들어 협력하고 있지요. 아울러 '세계미래회의'° 재단에서 지속가능한 세계에 관심을 갖고 선구적인 연구를 하는 사람들과 미래 세대의 권리를 보호할 정책들을 개발하면서, 뉴욕의 유엔 본부와 브뤼셀의 유럽연합에서 홍보 활동을 펼쳐왔습니다.

엄마가 되고 나서는 기후, 환경, 에너지 문제를 다루는 '부퍼탈 연구소'°°에 취직했습니다. 이 연구소에서 그동안 쌓은 현장 경험을 연구와 접목해 이론으로 다듬어내는 일에 매진했습니다. 저는 늘 한 발은 학문에, 다른 한 발은 현장에 두고 균형을 잡고자 노력해왔습니다. 현장을 모르는 작은 규모의 연구 그룹에서 지식과 정보를 공유하는 것만으로는 만족할 수 없었기 때문이지요.

연구와 현장을 아우르려는 저의 노력은 폭넓은 사회적 만남

° World Future Council(WFC). '미래 세대의 목소리'를 대변한다는 목적으로 설립된 독일 공익 재단이다. 2007년에 창설되었으며 본부는 독일 함부르크에 있다.(옮긴이주)

°° Wuppertal Institut für Klima, Umwelt, Energie. 1990년에 설립된 연구소로 지속가능한 환경을 주제로 연구 및 홍보 활동을 벌이고 있다.(옮긴이주)

의 장을 열어주었습니다. 무엇보다 자신의 물질적 풍요와 성공을 넘어선 또 다른 목표를 추구하면서 최선을 다하는 사람들과의 유익한 만남을 통해 정말 많은 것을 배웠습니다. 실제로 이런 배움을 저의 연구에 접목시키려 노력했습니다.

현재 저는 독일 연방정부의 '글로벌환경변화학술자문위원회'의 사무총장으로 일하고 있습니다. 독립성을 보장받는 이 위원회는 주기적으로 환경과 발달에 관련한 중요한 정보들을 취합하고 정리해 정책 결정에 참고하도록 연구 자료를 제공하고 있습니다.

이렇게 취합한 연구 성과를 저는 되도록 많은 사람들과 공유하기 위해 소통에 집중합니다. 가짜 뉴스와 온갖 선동이 판을 치는 이른바 '포스트팩트 시대'°에도 지식과 양심의 힘을 굳건하게 믿는 휴머니스트이고 싶기 때문입니다. 우리의 소통은 오해를 빚어내는 뿌리가 무엇인지 밝혀내고, 각자에게 주어진 역할에 매몰되지 않을 기회를 제공할 것입니다.

2019년 3월, 저는 이 소통을 위해 몇 명의 학자들과 함께 '미래를 위한 학자들Scientists for Future, S4F'이라는 작은 그룹을 결성해 환경 파괴에 항의하는 젊은이들의 거리 시위가 충분한 근

○ 'Post-fact'라는 표현은 'Post-truth politics'라는 개념에서 비롯된 것으로, '진실 이후 정치'라는 의미를 가진다. 객관적 사실보다 개인의 감정이나 의견이 더 중시되어, 이른바 가짜 뉴스가 횡행하는 풍조를 이르는 표현이다.(옮긴이주)

거를 가진 정당한 요구임을 지원하고 천명한다는 공개서한을 발표했습니다. 고작 3주 만에 독일과 오스트리아와 스위스의 수많은 학자들이 이 공개서한에 뜻을 같이한다며 지지 서명을 하는 놀라운 일이 일어났지요. 우리도 전혀 예상하지 못한 일이었습니다. 또 우리의 입장을 밝히기 위해 연 기자회견이 소셜 미디어에서 폭발적인 인기를 끌기도 했습니다. 현재 이 단체에는 2만 6천여 명의 학자들이 참여하고 있습니다.

지금과 같은 거대한 전환기에 진정 새로운 미래를 열어갈 대안의 제시는 우리가 책임지고 풀어야만 하는 과제입니다.

저는 사람들이 익숙하고 당연하게 여겨오던 것에 의문을 품고 기꺼이 그 배경을 알아보려는 태도 자체가 상당히 좋은 기회라고 생각합니다. 제가 어린 시절에 품었던 의문, 곧 서로 사랑하고 평화롭기 원하면서도 왜 그러지 못할까 하는 의문이 바로 풀리진 않더라도, 변화를 위한 가장 중요한 전제 조건은 충족되었다고 할 수 있습니다. 무엇을 어떤 방식으로 새롭게 꾸려가야 좋을지 그 가능성의 공간이 모습을 드러냈기 때문입니다.

전 세계적으로 환경과 사회를 위협하는 위기가 닥친 것은 결코 우연이 아닙니다. 지금 우리에게 닥친 위기는 인간이 살고 있는 지구를 그동안 우리가 어떻게 다뤄왔는지를 여실히 보여줍니다. 이 위기를 극복하고자 한다면, 우리가 경제 체계를 그동안 어떤 규칙에 따라 세워왔는지부터 먼저 의식해야만 합니다.
제대로 알아야 바꿀 기회가 열립니다. 또 그래야 우리는 자유를
되찾을 수 있습니다.

새로운 현실:

늘어나는 인구와 줄어드는 지구, 이것이 우리의 현실이다

학문은 현실에 기반을 두고 있다. 학문은 우리가 경험하는 일이 어떻게, 왜 일어나며 그 원인이 무엇인지 다룬다. 그러나 인간의 경험은 환경으로부터 끊임없이 영향을 받는다. 그러므로 인간에게 물리적으로나 정신적으로 영향을 주는 환경의 힘을 헤아릴 때에만 인간의 이해가 가능하다. 우리는 학문이 주는 답을 곧이곧대로 믿을 게 아니라, 그 배후에 어떤 힘이 작용하는지 항상 살펴야 한다.

— 레이첼 카슨Rachel Carson

1968년 12월 21일 아침, 플로리다의 케네디우주센터에서 미국의 우주 비행사 프랭크 보먼Frank Borman, 윌리엄 앤더스 William Anders, 제임스 러벨James Lovell은 달 탐사를 위해 우주선에 올랐습니다. 이들이 부여받은 임무는 달 주위를 돌며 그 표면을 촬영하는 것이었습니다. 나중에 달 착륙을 시도하기 위해 관련 정보를 수집하는 것이 주된 목적이었습니다. 이들이 탑승한 '아폴로 8호Apollo 8'는 달의 뒷면도 비행할 예정이었습니다. 지구에서 볼 때 언제나 가려져 있어 육안으로 확인할 수 없었기 때문이죠. 사람들은 이들 세 사람이 완전히 새로운 달 사진을 가지고 지구로 귀환할 것으로 기대했습니다.

이들이 달 궤도를 네 번째 선회하면서 달의 그림자에서 다시 빠져나오기 직전, 우주선 대장 프랭크 보먼이 미지의 달 표면으로 향해 있던 우주선 선수의 방향을 돌리자 측면 창으로 지구가 선명하게 떠올랐습니다.

"오, 주여!"

그 장면을 처음으로 본 윌리엄 앤더스가 탄성을 질렀습니다.

"저것 좀 봐! 지구가 떠오르고 있어. 야, 정말 아름답다!"

당시 무전으로 오간 대화의 녹음은 인터넷에서 쉽게 찾아 들을 수 있습니다. 그 시점에 자신의 카메라에 흑백필름이 들어 있는 걸 기억한 윌리엄 앤더스는 동료들에게 빨리 컬러필름을 달라고 재촉했습니다. 그리고 앤더스가 사진을 찍자 동료들은 제대로 촬영을 했는지 거듭 확인했습니다.[1]

"확실하게 찍었어?"

"한 번 더 찍어, 빌°!"

윌리엄 앤더스가 촬영한 사진은 반짝이는 푸른 공 모양이었습니다. 하얀 구름이 휘감은 모습이 대리석 무늬 같았고, 구름 아래로는 연한 황토색과 녹색이 대륙의 윤곽을 그리고 있었지요. 이것이 바로 우리의 고향 지구입니다. 끝없이 펼쳐진 우주의 검은 장막 위에 떠 있는 작고 깨어질 것처럼 섬약하게 보이는 이 별은 태양계에서 생명체가 사는 유일한 별이지요.

프랭크 보먼과 윌리엄 앤더스와 제임스 러벨은 달을 촬영하

°　윌리엄의 애칭이다.(옮긴이주)

기 위해 우주로 나갔다가 지구 사진을 가지고 귀환했습니다. 나중에 '나사NASA'가 '지구돋이Earthrise'라는 시적인 제목을 붙인 이 사진은 인류가 촬영한 가장 중요한 사진 작품 가운데 하나일 뿐만 아니라, 지금껏 촬영된 환경 사진들 중에서 가장 큰 영향력을 자랑하는 것이기도 합니다. 이유는 간단합니다. 이 사진은 우리의 환경 전체를 담은 유일한 것이기 때문입니다. 이 별 외에 우리는 다른 환경을 가지고 있지 않습니다.

하지만 이 사진은 근본적으로 인류가 이미 500년 전부터 알고 있던 사실을 다시 확인해주었을 뿐입니다. 지구가 편평하지 않고 둥글다는 것은 적어도 최초의 세계 일주 이후 누구나 알았던 사실이지요. 또 지구가 우주의 중심이 아니라는 점, 이로써 인간이 만물의 중심일 수 없다는 깨달음 역시 이미 오래전부터 모두가 아는 사실입니다. 그러나 이 사진 덕분에 지구의 유한함과 특이성은 손에 잡힐 것처럼 분명해졌습니다. 우리가 일상에서 하는 경험은 이런 커다란 맥락을 보여줄 수 없으니까요.

인간이 어떤 사안을 두고 그리는 그림은 반드시 그 사안과 들어맞지는 않습니다. 오히려 그림은 인간이 어떤 관점으로 사안을 보는지 알려줄 뿐입니다. 이런 차이는 결코 사소하다고 할 수 없는 중요한 부분입니다. 객관적 사실과 주관적 그림의 간극은 매우 커서 오늘날 우리가 갈등하는 모든 문제를 낳기 때문이지요.

1968년 말에 아폴로 8호가 달 탐사라는 사명을 띠고 우주로 출발했을 때 지구에는 36억 명이 살았습니다. 2019년 말에는 어떤가요? 이 섬약한 별에 77억 명이 넘는 인구가 살고 있습니다. 고작 50년 동안 전 세계 인구는 두 배 이상 늘어났습니다. 세계 인구의 증가를 말하면서 이런 수치를 들먹이지만 여러분은 그 실제 규모가 전혀 실감되지 않을 것입니다. 숫자로 쓴 77억 명을 두고 우리가 무슨 구체적인 생각을 할 수 있을까요?

"50년 만에 36억에서 77억으로 늘어났다. 이런 증가 속도는 빠른 편인가, 아니면 느린 편인가?"

아마도 이 질문의 답은 비교를 통해 찾을 수 있을 것입니다.

30만 년 전 아프리카에서 첫 호모 사피엔스가 출현한 이후 인간이 정착 생활을 하면서 농사를 짓고 가축을 키우기까지 인류 역사를 다룬 영화를 한 편 찍는다고 합시다. 1968년의 36억 명에서 2019년의 77억 명으로 늘어난 시간은 이 영화에서 엔딩 크레디트가 올라가는 시간 정도에 해당할 것입니다.

간단하게 말하자면 이런 인구 증가 속도는 무시무시할 정도로 빠릅니다. 그러나 인구 증가 속도가 문제의 핵심이 아닙니다. 오늘날 지구에 50년 전보다 인구가 두 배 이상 늘어난 것뿐만 아니라, 대다수 인구, 특히 경제적 관점에서 성공적 발달을 이룬 나라의 국민 대다수는 그들의 선조보다 훨씬 더 넓은 공간을 필요로 합니다. 이게 무슨 말인지 잘 와닿지 않는 사람은 부모나 조부모에게 50년 전에 어떻게 살았는지 물어보기 바랍니다. 그들도 휴가 여행을 다녔을까요? 외국으로 갔을까요? 얼마나 자주일까요? 비행기를 타기는 했을까요? 아니면 자동차? 자가용이 있기는 했을까요? 오늘날에는 자가용을 두 대 가진 집도 많지요? 50년 전의 집은 얼마나 컸을까요? 자녀가 저마다 독방을 썼을까요? 방마다 텔레비전이 있었을까요? 1960년대의 사람들은 옷장에 옷이 얼마나 많았을까요? 집에 전자 제품이 있기는 했을까요? 우리가 오늘날 당연한 것처럼 쓰는 물건이 그때도 있었을까요? 새 옷은 얼마나 자주 샀을까요? 새 가구는요? 이런 물건이 먼 나라에서 생산될 경우에는 얼마나 복잡한 경로를 거쳐 수송되었을까요?

요컨대 50년 전에 살았던 사람들의 일상과 오늘날의 일상은 어떻게 다른가요? 이런 일상생활을 영위하기 위해 얼마나 많은 공장, 발전소, 도로, 공항이 필요할까요? 과거에는 사람들이 직접 땀 흘려 농사를 지었지만 오늘날에는 산업화한 농업으로 탈바꿈하지 않았나요?

지구상에 사는 개인 한 명이 그 생명을 유지하기 위해 필요로 하는 물질의 양을 측정하는 과학 지표 가운데 하나는 '생태 발자국Ecological footprint'입니다. 이 생태 발자국은 한 명의 인간이 소비하는 식량 생산에 필요한 농토와 목초지, 그가 이용하는 도로나 주거하고 일하는 데 필요한 토지 면적뿐만 아니라, 심지어 숲의 면적도 함께 계산에 넣습니다. 에너지를 생산하느라 배출한 이산화탄소를 다시 흡수하는 숲의 역할이 결정적이기 때문입니다. 생태 발자국은 인간이 소비하는 자연 물질을 헥타르 단위로 바꾸어 계산해낸 결과물입니다. 소비된 물질을 다시 생산하기 위해 자연이 필요로 하는 면적이 생태 발자국의 기준이지요. 수확한 만큼 다시 생장하는, 다시 말해서 자연이 그 본래 상태를 회복하는 데 필요한 시간과 물질을 생태 발자국이 알려주는 것입니다.

농사를 지어본 사람이라면 누구나 생장하는 것 이상을 수확할 수 없다는 진리를 알 것입니다. 하물며 주말농장보다 훨씬 더 복잡한 지구라는 이 별과 인류에 대해서라면 더 말할 것도 없습니다. 자연이 베풀 수 있는 만큼 써야지 그 범위를 넘어가면 모든 게 무너질 수밖에 없습니다. 생태 발자국은 그 경계를 알려주는 측정 단위인 셈입니다.

아폴로 8호가 달을 향해 출발했을 때 인류의 생태 발자국은 아직은 지구가 베푸는 범위 안에 있었습니다. 1970년대 중반을 지나며 생태 발자국은 그 한계를 넘어서서 꾸준히 커졌습니다. 자연의 훼손은 만성적인 상태가 되었고, 우리가 1년에 쓸 자원의 양을 다 소진하는 날은 매년 달력에서 앞당겨졌습니다. 2019년의 그날은 7월 29일이었습니다. 이날을 지나 매일 우리는 자연으로부터 대출을 받는 셈입니다. 물론 이 대출은 갚을 수가 없습니다.

이듬해에 환경이 제공할 수 있는 자원 또한 계속해서 줄어들 뿐입니다. 이른바 '지구 생태 용량 초과의 날Earth Overshoot Day', 곧 자원 이용이 지구의 생산 및 폐기물 흡수 능력을 초과하는 시점은 독일만 놓고 보면 심지어 더 빨라져 2019년에는 5월 3일이었습니다. 전 세계적 기준보다 독일은 석 달이나 더 빨리 생태 용량을 초과한 것입니다. 수출 챔피언 국가 독일은 대부분의 물자와 자원을 다른 나라에서 수입합니다. 독일의 이런 소비수준이 글로벌 표준으로 자리 잡는다면, 우리는 지구를 두 개 가져도 감당하기 힘들 것입니다. 그러나 아폴로 8호의 우주 비행사들이 찍은 사진이 보여주듯, 지구는 단 하나뿐입니다. 이런 불편한 진실을 말해주어도 소비를 줄이라거나 금지하면 거침없이 저항의 목소리가 터져 나온다는 게 놀랍습니다.

바람직한 미래를 열어가고자 하는 사람이라면 '옛날에는 말이야' 하는 식의 태도를 버려야 합니다. 주어진 사실을 정확히 직시하고 이를 출발점으로 삼아야만 합니다. 수천 년 동안 사람들은 지구를 무한정한 자원을 가진 별로 여겨왔습니다. 어떤 숲의 나무들을 다 잘라내면, 그 옆의 숲으로 옮겨가면 된다고 여겼지요. 짐승을 사냥하고, 바다의 물고기를 씨가 마르도록 잡고, 광산에서 더 나올 게 없을 정도로 자원을 캐고 나면, 그저 다른 자리로 옮겨가거나, 같은 자리에서 활용할 수 있는 다른 자원에 눈독을 들였습니다. 지구라는 별은 끝없이 베풀어줄 것처럼 보였습니다. 이것에서 저것으로 갈아타거나, 뭔가 새로운 자원을 개발하는 일은 늘 가능했습니다.

문제는 이런 일이 항상 평화적으로만 이뤄지지 않았다는 사실입니다. 유럽에서 생겨나기 시작한 민족국가들은 세력을 키우고자 지구 곳곳을 다니며 '탐험'이라는 미명 아래 땅을 빼앗거나 자원을 약탈하고 원주민을 잔혹하게 살해했습니다. 갈수록 부강해진 산업국가는 도처에서 새로운 자원 개발에 열을 올리면서 혁신적 기술을 만들거나, 완전히 새로운 자원, 이를테면 원자나 유전자까지 찾아냈습니다.

흔히 근대의 발전이라고 부르는 것은 근본적으로 세력 확장을 노린 착취에 지나지 않았습니다. 남의 땅을 차지하고 빼앗은 것이 근대의 발전입니다. 적당한 인구에 넓은 지구를 전제로 한다면 이런 사실상의 수탈은 앞으로도 바뀌지 않고 계속될 것입니다. 사회정의와 보편적 인권을 위한 투쟁이 이런 발전의 양상을 바꾸어놓기는 했지만, 크게 볼 때 자원은 그저 가져다 쓰기만 하면 된다는 사람들의 생각은 변하지 않았습니다.

그렇지만 그사이 인간과 자연의 관계는 근본적으로 달라졌습니다. 갈수록 늘어나는 인구로 지구가 베풀 수 있는 자원은 하루가 다르게 줄어들었습니다. 경제학자 허먼 데일리Herman

Daly는 우리는 이제 '텅 빈 세상'이 아니라 '꽉 찬 세상'에서 경제활동을 한다고 말한 바 있습니다.

늘어나는 인구와 줄어드는 지구, 이것이 바로 우리가 직면한 새로운 현실입니다.

'새로운 현실'이란 우리 인간들이 서로 어울려 살며 성공적으로 경제활동을 할 수 있는 좌표가 근본적으로 바뀌었음을 뜻합니다. 자연 생태계가 스스로 회복할 수 있는 능력을 빼앗긴 탓에 이제 팽창과 탈취는 끝장을 맞았습니다. 경제학에서는 이런 변화를 두고 '티핑 포인트tipping point'° 또는 '지구위험한계선planetary boundaries'∞이라 부릅니다.

현실, 그것도 급변한 새로운 현실을 인정할 때에만 우리 인류는 생명을 유지할 수 있습니다. 이 현실을 인정하지 않는 사람은 가상의 세계, 존재하지도 않는 가짜 세계에 빠져 헤어 나오지 못할 것입니다. 21세기의 지구와 인류의 관계를 새롭게 정립할 수밖에 없는 새로운 현실은 말 그대로 글로벌 차원의 '새로운 생각'을 요구합니다. 다시 말하자면 지구라는 별에서 살아가는 모든 사람의 삶이 철저히 변화해야만 합니다. 그럼에

○ 작은 변화들이 어느 정도 기간을 두고 쌓여 엄청난 변화를 초래할 수 있는 상태를 이르는 표현이다.(옮긴이주)
∞ 지속가능한 환경을 지키기 위해 반드시 보존해야 하는 경계를 나타내는 것으로, 이 한계를 넘어설 때 회복 불가능한 재앙이 초래된다.(옮긴이주)

도 이런 변화를 받아들이려 하지 않는다는 것은 가짜 세계를 고집하고 살겠다는 자세를 뜻합니다.

안타깝게도 기후 위기와 지속가능한 발달을 둘러싼 논의에서 가짜 세계에 매달리는 태도는 너무나 쉽게 볼 수 있습니다. '지구위험한계선'의 명확한 경고에도 사람들은 그 한계선을 넘어서는 게 무엇을 뜻하는지 좀처럼 인정하지 않습니다. 정치인들과 경제인들은 성장과 부가 계속될 수 있다고 호언장담합니다. 다만 어떻게, 무슨 대가를 치르고 성장과 부가 계속될 수 있다는 것인지 언급하진 않지요.

인류가 이 새로운 현실에 진지하게 대응하지 않으면 세계가 무너지는 재앙을 겪으리라는 최초의 경고가 나온 지도 어느덧 50년이 되었습니다. 이 경고는 보스턴의 매사추세츠 공과대학MIT에서 데니스 메도우스Dennis Meadows와 도넬라 메도우스 Donella Meadows를 중심으로 한 연구팀이 제기한 것입니다. 연구팀은 인류의 미래를 알아내고 싶다는 희망으로 처음 컴퓨터 시뮬레이션을 시도했고, 시뮬레이션을 위해 '월드3World3' 프로그램을 개발했습니다. 이 프로그램은 오늘날이라면 일반 컴퓨터로도 얼마든지 작동하겠지만, 당시만 해도 집채만 한 크기의 컴퓨터를 요구하는 까다로운 것이었습니다. 연구팀은 이 프로그램에 다섯 가지의 장기 추세와 관련한 데이터를 입력했습니다. 지구의 인구 증가 속도는 얼마나 빠른가? 식량의 생산 속도는 어떤가? 산업의 생산 속도는? 인류는 금속이나 화석연료 같은 재생할 수 없는 자원을 어느 정도 소비하는가? 환경오염은 어떻게 진행되는가? 그리고 무엇보다 중요한 질문은, 이 다섯 가지 트렌드가 서로 어떤 상호작용을 보이는가 하는 것이었습니다.

연구팀은 과거의 데이터를 토대로 미래를 예측하려 시도하면서, 이렇게 얻어진 계산 결과로 이른바 '표준 실행Standard Run'이라 이름 붙인 시나리오를 제시했습니다. 표준 실행은 간단히 말하자면 인류가 지금껏 하던 대로 계속한다면 어떻게 될지를 그려줍니다.

1972년 이 연구 결과가 발표되었을 때의 충격은 커다란 유성이 지구와 충돌하리라는 예측이 주는 것보다 크지는 않았습니다. 물론 사람들은 놀라기는 했지만, 언제 그랬냐는 듯 경고를 싹 잊고 말았습니다.

계산 결과는 표준 실행의 조건대로 진행된다면 인류 문명은 필연적으로 붕괴될 수밖에 없음을 보여주었습니다. 정확히 향후 100년 뒤에 말이죠! 인구 증가와 산업적 생산이 계속해서 같은 속도로 늘어난다는 전제 아래, 재생할 수 없는 자원은 그때가 되면 바닥을 드러내고, 환경오염은 더는 회복할 수 없는 폐해를 낳을 것이라고요. 이로써 빚어질 손해가 어느 정도 규모인지 프로그램은 예측조차 하지 못했습니다. 시간이 흐를수록 지구는 불안정해지며, 산업 생산은 감소하고 인구는 줄어듭니다. 이렇게 진행되던 흐름은 어떤 지점에 이르자 다섯 가지 모든 요소가 돌연 가파르게 추락하는 곡선을 그리며 마이너스로 곤두박질쳤습니다. '티핑 포인트'는 바로 이런 현상에 붙여진 이름입니다.

더욱 충격적인 점은 연구팀이 몇 가지 요소를 그 프로그램에 임의적으로 바꾸어 입력해도 붕괴는 막을 수 없다는 계산 결과였습니다. 예를 들어 활용할 수 있는 자원의 양을 무한대로 잡았더니, 인구가 폭발적으로 증가했습니다. 이처럼 늘어난 인구가 먹을 식량을 확보하기에는 농사를 지을 토지가 턱없이 부족했습니다. 그래서 인구 증가를 제한하고, 식량 생산을 두 배로 늘려 잡았더니, 이번에는 환경오염이 극심해진 나머지 사망률이 급격히 높아졌습니다. 연구팀이 무엇을 바꾸든 결과는 같았습니다. 붕괴가 일어나는 속도가 빠르냐, 늦냐의 차이만 나타났을 따름입니다.

붕괴가 일어나지 않을 유일한 시나리오는 다섯 가지 모든 요소의 성장을 제한하는 데 성공하는 경우였습니다. 이 경우에만 붕괴는 예방될 수 있었습니다. 바로 그래서 이 연구 보고서에는 '성장의 한계'라는 제목이 붙었습니다.

근본적으로 볼 때 연구팀이 이 실험을 통해 확인한 결과는 우리가 눈을 뜨고 현실을 보면 누구나 곧바로 알 수 있는 것입니다. 그러나 부유한 나라들이 지역 차원의 많은 환경 문제를 더욱 정교하게 다듬어진 기술로 가난한 국가들에 떠넘겨버린 탓에, 전 세계적 환경 훼손의 전모는 최신 컴퓨터 기술의 도움을 받아야만 드러날 수 있었습니다. 연구팀이 개발한 프로그램이 보여준 수치 곡선은 가시적으로 환경 훼손의 실상을 확인해주었지요.

이런 가시적인 성과 덕분에 이 연구는 매우 유명해졌고, 오늘날까지도 영향력을 잃지 않고 거듭 업데이트되고 있습니다. 그리고 연구 결과는 지금껏 단 한 차례도 반박되지 않았습니다. 다섯 가지 모든 요소는 연구팀이 50년 전에 진단하고 예상한 추이를 그대로 보여주고 있습니다.

전혀 놀라운 일이 아닙니다. 인류는 그 발전 신화를 계속 추구할 때 붕괴를 피할 수 없음을 명확히 알면서도, '표준 실행'이라는 시나리오에서 한 치도 비켜나지 않은 경제활동을 해왔기 때문입니다. 사람들은 이 연구의 경고에도 그저 지금껏 해온 그대로 계속 살고 있습니다. 생산 방식과 기술에서 환경 친화적으로 몇몇 개선이 이루어졌음에도 전체적인 그림은 조금도 변하지 않았죠. 어떤 국가든 환경을 소비하지 않고 성장하는 방식을 납득할 만하게 보여준 사례는 지금껏 없었습니다.

1970년대 이후 환경 문제를 해결하려는 시도는 끊임없이 이어져왔습니다. 개별 현상에 대응하는 데 그치지 않고, 문제를 본질적으로 풀어보려는 노력도 있었습니다. 문제의 심각성을 드러내고 이를 대중에게 인식시키거나, 심지어 직접 해결하려는 노력이 줄기차게 이어졌지요. 새로운 연구가 진행되고, 자문과 실질적 대처를 위한 위원회가 세워졌으며, 각국의 정상들이 모여 의견을 나누고, 기후와 관련한 의정서를 작성해 발표하는 등 아무튼 시도는 끊이지 않았습니다. 그러나 인류의 현주소를 확인하는 일은 이런 여러 시도 가운데 기후변화를 막기 위한 투쟁 하나만 살펴봐도 충분합니다.

이산화탄소의 배출이 지구의 대기권 온도를 끌어올린다는 점, 그리고 사람들이 석탄, 석유 또는 천연가스와 같은 화석연료를 쓰는 탓에 온난화 과정의 속도를 끌어올린다는 점은 이미 1930년대에 과학으로 입증되었습니다. 1960년대 중반 미국의 과학자들은 자국 정부를 상대로 인류가 화석연료의 사용으로 (물론 인지하지 못하는 가운데) "일종의 거대한 지구물리학 실험을 벌이고 있다."라고 경고했습니다.[2] 1970년대 말에 과학자들은 오늘날 우리가 기후변화와 관련해 아는 거의 모든 것을 이미 알고 있었습니다.

1992년부터 기후 문제와 관련한 각종 회의가 열리면서 지구상의 거의 모든 국가들이 체결한 국제 협약도 존재합니다. 이

협약은 지구온난화 속도를 늦추는 것을 의무로 규정했습니다. 1997년부터는 이른바 '교토 의정서'를 체결해 온실가스의 배출을 규제하자는 목표도 설정되었죠. 심지어 이 배출 규제는 국제법상으로 구속력을 가집니다. 2015년에는 파리에서 또 한 번의 의정서가 채택되면서, 지구 평균온도 상승 폭을 산업화 이전 대비 2도 이하로 유지하기 위한 엄격한 규정이 더해졌습니다. 늦게 잡아도, 데이비스 구겐하임Davis Guggenheim°이 〈불편한 진실An Inconvenient Truth〉이라는 다큐멘터리 영화 소재로 미국 부통령을 역임한 앨 고어Al Gore가 기후변화를 막기 위해 벌인 투쟁을 다루었을 때, 온난화가 인간이 만든 것이라는 사실은 대중에게 널리 알려졌습니다. 이 다큐멘터리 영화는 두 개의 오스카상을 받았을 뿐만 아니라, 앨 고어 역시 그 노력을 인정받아 노벨 평화상까지 수상했지요. 그때가 2007년입니다.

독자 여러분은 인류가 책임져야 하는 이산화탄소의 절반 정도가 지난 30년 동안 배출된 것이라는 사실을 알고 있습니까?[3] 그러니까 다른 누구도 아닌 바로 우리 세대가 배출한 이산화탄소가 그처럼 막대합니다. 또한 우리가 알면서도 저지른 환경 파괴는, 인류가 아직 그 해악을 모르고 오랜 시간 배출한 이산

○ 미국 영화감독이다. 2006년에 발표한 〈불편한 진실〉은 앨 고어가 지구온난화의 경종을 울리기 위해 대중을 상대로 1,000회 이상 행했던 강연에서 활용한 슬라이드를 기반으로 제작된 것이다. (옮긴이주)

화탄소로 생겨난 해악과 거의 같은 규모입니다. 알면서도 어떻게 이런 지경까지 이르렀을까요?

바로 그래서 저는 사람들이 새로운 현실을 정확히 목도하는 것을 거부하고 있다고 주장합니다. 우리는 지난 50년 동안 물리학과 생물학의 지표 대신 오로지 금전적 이득만 좇느라 가짜 현실 안에서 허상만 보고 살았습니다.

인류는 오랫동안 넓은 공간을 누리고 살아왔지만, 이제는 갈수록 많아지는 인구로 비좁아진 지구에서 살아가게 될 것입니다. 스스로 붕괴를 초래하는 일만큼은 피하고 싶다면, 인류는 '꽉 찬 세상', 즉 우리에게 단 하나뿐인 '지구'에서 제한된 자원을 가지고 살아가는 법을 배워야만 합니다. 이것이 바로 우리 인류가 직면한 새로운 현실입니다.

자연과 생명:
과연 인간에게 자연을
마음대로 사용할 권한이 있는가

인간 사회가 자원 고갈이라는 문제를 다루지 못한다면, 우리가 풀어야 할 진짜 문제는 자원이 아니라 사회와 관련한 것입니다. 우리 사회의 어떤 구조, 정치, 이데올로기 또는 경제적 요소가 적절하게 반응하지 못하도록 가로막고 있을까요?

— 조지프 테인터Joseph Tainter, 인류학자

　2018년 3월 미국 특허청은 식물을 인공적으로 수분할 수 있게 해주는 새로운 기술의 특허 신청을 받았습니다. 서류 번호 'US2018/0065749'가 붙은 여러 장의 청원서에서 발명가는 일종의 초소형 드론이라고 할 수 있는 작은 비행 물체를 묘사했습니다. 충전소에서 대기하던 드론은 프로그램에 따라 자율 비행을 하면서 농토 위를 자유롭게 선회합니다. 그리고 장착된 작은 솔로 꽃가루를 모은 뒤 회전 팬을 이용해 수분 작업을 합니다. 센서로 통제되는 이 작업은 네트워크에 신호를 보내 이미 수분을 마친 식물에는 다른 드론이 접근하지 못하게 막습니다.

　특허 신청서를 읽은 사람은 아마도 두 번 놀랐을 것입니다. 우선 이 드론은 자연이 유구한 세월 동안 해오던 방식을 기술적으로 모방한 것입니다. 식물 번식의 중개자인 꿀벌을 그대로 흉내 낸 것이죠. 드론 발명가가 바라보는 세상은 뭔가 심각한 변화를 겪었습니다. 발명가는 특허 청원서에 식물의 수분 작업을 해주던 곤충 개체 수가 급감했다고 썼습니다. 더 나아가 비료 살포용 비행기로 꽃가루를 뿌려 수분 작업을 하는 것은 효과적이지 않다고 주장했습니다.

또 한 가지 놀라운 점은 이 기술 특허를 신청한 사람의 정체입니다. 특허는 발명가 개인이 아니라 기업의 이름으로 신청되었습니다. 기술 개발을 위탁한 기업은 미국의 유통 업체 '월마트Walmart'였지요. 도대체 유통 업체가 로봇 꿀벌과 무슨 상관이 있을까요?

월마트는 단순한 유통 업체가 아닙니다. 전 세계적인 최대 규모의 유통 기업이자 막강한 자금력을 자랑하는 곳이 월마트입니다. 월마트는 경쟁사보다 싼 가격에 상품을 판매하는 전략으로 몸집을 키워왔습니다. "Always low price!"(항상 저가로!) 월마트는 오랜 세월 이 구호를 광고 문안으로 내걸었지요. 월마트가 상품을 경쟁사보다 싸게 판다는 것은 이윤을 남기기 위해 그만큼 많이 팔아야 한다는 의미이기도 합니다. 이런 전략을 두고 사람들은 '규모의 경제economies of scale'라 부릅니다. 대량으로 팔아 이득을 얻는 것이지요.

그래서 월마트는 전 세계적으로 가장 많은 매출을 올리는 유통 기업일 뿐만 아니라 11,000개 지점망과 200만 명이 넘는 직원을 거느린 세계 최대의 민간기업이기도 합니다. 창업주인 월튼° 가문이 미국에서 몇 년째 가장 부유한 가문에 이름을 올리고 있다는 사실은 별로 놀랍지 않은 이야기입니다.

그런데 이런 이야기가 로봇 꿀벌과 무슨 상관이 있을까요? 이것을 이해하고 우리의 경제 시스템이 오늘날처럼 발전한 이유를 알고자 하는 사람은 먼저 자연을 우리가 어떤 시각으로 바라보는지 명확히 헤아려보아야 합니다.

자연은 우리 경제활동의 토대를 이룹니다. 자연이 제공하는 에너지와 물질로 우리에게 필요한 물건을 만드는 것이 경제활동이지요. 자연을 신이 창조한 것이라고 보는 한 자연법칙은 신의 뜻만큼이나 알 수 없는 영역입니다. 몇몇 문화권에서는 자연 혹은 지구를 창조하는 어머니 신을 믿었고, 서구 문화권은 유일신을 믿었습니다. 우리가 살아가는 지구를 창조하고 이 지구에 대한 권리를 위임해준 신이 있다고 믿는 종교가 바로 우리 서구인들이 믿는 기독교죠.

그러나 갈릴레오 갈릴레이, 르네 데카르트, 또는 아이작 뉴턴과 같은 학자들은 16세기부터 이런 세계관에 의문을 품고

° 월마트의 창업주는 새뮤얼 월튼Samuel Walton(1918~1992)이다. 미주리대학교에서 경제학을 전공하고 26세에 유통업에 뛰어들어 세계 굴지의 유통망을 세웠다.(옮긴이주)

"땅에 복종해야 한다."라는 종교적 가르침을 새롭게 해석하고 인간의 역할에 대한 새로운 관점을 열어주었습니다. 이들은 자연이 계산 가능한 법칙을 따른다는 점과 학문이 이 법칙을 알아낼 수 있다는 점을 보여주었습니다. 그리고 인간이 이 법칙들을 체계적으로 자신에게 유리한 쪽으로 이용한다면, 운명을 스스로 개척할 수 있다고 보았습니다. 이것이 계몽사상이 그려낸 호모 사피엔스의 새로운 자화상입니다.

인간은 장난감을 가지고 놀면서 분해하는 어린애처럼 자연을 조각 낸 다음, 그 조각들을 가지고 놀기 시작했습니다. 마음대로 주물러 바꾸거나, 마구 뒤섞어놓거나, 새롭게 조합해가며 자신이 써먹기 좋은 대로 세상을 만들어갈 수 있다고 확신했지요. 자연의 한 부분에 지나지 않았던 인간은 이제 자연을 자기중심의 부속물로 전락시켰습니다. 자신을 자연에서 떼어내어 무슨 별종처럼 행세하며 자연을 마구잡이로 착취했습니다.

이에 모든 것이 맞물려 움직이는 유기적인 자연은 인간이 자신의 목적에 맞춰 임의대로 개조하고 성에 차지 않으면 망가뜨리는 기계가 되고 말았습니다. 역동적인 자정력自淨力을 가지고 순환하는 자연이 인간의 눈에는 그저 몇 개의 요소로 이뤄진 무기물로 보일 따름입니다. 인간이 자연에서 관심을 가지는 부분은 써먹을 가치를 가진 것뿐입니다. 눈에 보이지 않는다는 이유만으로 전체로서의 자연은 주목받지 못했습니다.

인간이 관심을 가지는 질문은 단 하나뿐입니다. 어떻게 해야 더 이득을 올리는 쪽으로 자연을 이용할 수 있을까? 또는 거추장스러운 것은 어떻게 치워버릴까?

이런 식으로 세상을 보는 사람은 당연히 자연의 다양성이나 유기적 관계, 그 역동적인 순환을 볼 수 없습니다. 이들은 자연의 소소한 것, 심지어 지극히 작은 눈송이일지라도 저마다의 역할과 특성을 가진다는 점을 알 턱이 없습니다. 자연의 모든 현상은 다른 현상과 맞물려 일어나며, 같은 요소로 이뤄진 현상일지라도 그 구성 방식에 따라 전혀 다른 특징을 자랑하며 발전한다는 점을 물욕에만 사로잡힌 사람이 어찌 알아볼까요? 이런 사람에게 세상은 그저 이렇게 보이겠죠.

숲은 그냥 목재일 뿐, 아무것도 아냐.
흙은 식물을 키울 재료일 뿐이야.
곤충은 해충이야.
닭은 계란과 고기를 공급하는 먹을거리지.

유사 이래 인류가 키워온 모든 닭의 조상은 적색야계赤色野鷄입니다. 야생에서 자유롭게 살던 이 조류는 본래 동남아시아에서 서식하던 종인데, 인간이 가축으로 사육하면서 오늘날 전 세계로 퍼져 나가 가장 흔히 볼 수 있는 동물이 되었습니다. 그러나 오늘날 우리가 사육하는 닭은 그 야생 닭과는 공통점이 거의 없다고 봐도 무방합니다. 대략 100년 전 우리 선조들이 키우던 것과도 상당히 다릅니다. 100년 전까지만 하더라도 알도 낳고 고기로도 먹을 수 있는 닭을 키우는 것이 일반적이었습니다. 물론 닭은 알을 잘 낳는 품종과 육류 소비에 적당한 품종이 따로 있기는 합니다. 그렇지만 사육을 하면서 어느 한쪽 특징을 더 잘 살리려고 하면 다른 특성이 약해집니다. 알을 잘 낳는 닭은 식용으로 쓰기에 적당치 않으며, 먹기 좋은 닭은 알을 잘 낳지 못합니다.

2차 세계대전 이후 사람들은 닭을 그 특성에 따라 나누어, 산란이나 식용 어느 한쪽에만 쓸 품종을 만들어냈습니다. 오늘날의 비육 닭은 고작 한 달이면 도축해도 좋을 정도로 크게 자랍니다. 산란용 닭은 첫해에 최대 330개까지 알을 낳으며, 두 번째 해에는 알의 품질이 떨어진다는 이유로 도축되어 국물 내는 용도로 팔립니다. 산란용 품종의 수컷은 더 끔찍한 운명을 맞습니다. 알도 낳지 못하고 빨리 살이 찌지 않아 식용으로 팔기도 마땅치 않은 수컷은 이중으로 쓸모가 없습니다. 수컷의 사육은 경제적으로 무의미합니다. 그래서 병아리 수컷은 부화하는 즉시 곧장 분쇄기 안으로 들어갑니다.[4]

정말 엽기적이지 않나요? 독일에서만 한 해에 120억 개의 달걀이 생산되며, 6억 5천만 마리의 닭이 도축됩니다. 태어나

자마자 분쇄기로 직행해 갈리는 병아리는 4,500만 마리입니다. 이렇게 작동하는 것이 인간의 경제 시스템입니다. 똑같은 과정은 다음 해에도 되풀이됩니다.

농장에서 자유롭게 뛰놀며 알도 잘 낳고 육질이 좋아 맛도 훌륭했던 닭은 현대 문명의 흐름과 더불어 고도로 전문화한 가금 공장에서 최적화한 기계 사육의 제물이 되고 말았습니다. 아예 축산업 자체도 분화했습니다. 식용으로 오로지 살만 찌우는 공장이 있는가 하면, 달걀만 생산하는 공장이 따로 존재합니다.

오랜 세월 동안 인류는 다양한 품종의 닭을 키웠지만, 오늘날의 시스템은 닭을 단 몇 가지 품종으로 확 줄여놓았습니다. 자연에서 건강하게 살던 닭의 품종을 유전적으로 줄여놓은 결과는 비실비실해서 질병에 취약해진 닭입니다. 이런 취약성은 인간에게 고스란히 되돌아올 것입니다. 닭고기와 달걀 생산 업체는 단지 몇 곳이 시장을 지배하는 독점적 구조를 구축했습니다. 독점으로 비대해진 생산 업체는 단 한 번의 조류독감에 속수무책으로 파산하기도 합니다.

비슷한 그림은 이른바 '환금작물cash crop'에서도 고스란히 나타납니다. 어렵게 말할 것 없이 바나나, 커피, 콩, 밀 같은 돈되는 식물이 환금작물입니다. 오늘날의 농업은 이런 작물을 자국민의 소비를 위해 생산하지 않고 수출용으로 키웁니다. 심지어 자국의 빈민이 굶어 죽든 말든 상관하지 않고 수출에만 열을 올리죠. 이 경우에서도 단기간에 최대한의 수확을 올릴 고효율성 품종만이 우대됩니다. 그러나 안타깝게도 이런 품종은 기후변화에 강하지 않습니다. 하지만 대안이 될 수 있는 품종은 이미 오래전에 사라지고 없죠.

현대인이 구축한 시스템과 자연 체계는 근본적으로 다릅니다. 무엇보다 결정적 차이는 자연 체계가 다양성을 자랑하며 순환한다는 점입니다. 자연 체계에서 뭔가를 가져가면 그에 상응하는 것을 반드시 되돌려줍니다. 어느 한쪽이 버리는 것은 다른 쪽에서 귀중한 영양분이 됩니다.

현대인은 서로 의지하며 돕는 이런 성숙한 자연 체계에 간섭해 오로지 한 방향으로만 굴러가는 컨베이어벨트를 만들어놓았습니다. 맨 앞에서는 채취하고, 중간에서는 소비하며, 그 끝에서는 쓰레기가 생겨납니다. 이 쓰레기는 그 어떤 것에도 영양분을 제공하지 못합니다. 그래서 태우거나 묻어버리거나 산처럼 쌓이거나, 심지어 강과 바다에 둥둥 떠다닙니다.

자연 체계는 긴 호흡을 보여주는 반면, 사람들은 순간에만 집착합니다. 자연 체계는 다양한 생명을 품으면서 스스로 자정력을 발휘하기에 충격이 주어져도 회복할 줄 압니다. 정확히 이런 다양성과 회복 탄력성이 자연을 건강하게 만들며, 유기적

으로 조화를 이룹니다. 또 에너지를 순환시키기 때문에 아무것
도 사라지게 하지 않습니다.

반면 현대인들이 만든 시스템은 경제적 효용에만 초점을 맞
춥니다. 컨베이어벨트만 떠올려도 이게 무슨 말인지 알 것입니
다. 앞에서 되도록 적은 비용으로 생산해야 뒤에서 짭짤한 수
익이 가능합니다. 그래서 인간의 시스템은 다양성을 단 몇 개
의 대체 가능한 요소로 줄여버립니다. 이것이 저것 같은 그림
은 이렇게 해서 생겨난 것이죠. 바로 그래서 인간이 만든 시스
템은 쉽게 깨어질 정도로 섬약하고 오류에 취약합니다. 자연
체계의 성공적인 순환과 진화의 모범을 따르는 대신, 현대인은
손에 잡히는 것마다 최고로 생산적인 기계로 바꿔버리고, 이
기계의 주변, 곧 환경은 깨끗이 무시합니다.

인간이 자연만 이렇게 다루는 게 아닙니다.

한번 시내 중심가를 걸으며 작은 상점들이 얼마나 많은지
헤아려보십시오. 그리고 다른 도시, 다른 나라, 다른 대륙에서
똑같은 물건을 파는 글로벌 체인점이 얼마나 많은지도 보십시
오. 예를 들어 의류의 제작은 매년 9,200만 톤의 쓰레기를 만
들어냅니다. 그 가운데에는 멀쩡한 옷도 적지 않을 것입니다.
의류 쓰레기는 일반적으로 소각됩니다. 불에 태우는 것이 가장
싼 방법이기 때문입니다.[5] 이렇게 기존의 것을 재활용하는 대
신 새 옷의 대량생산을 위해 의류 업계는 다시금 지구를 갈취

합니다.

　혹시 '아마존Amazon.com'을 통해 모든 것을 해결한 덕에 시내에 나간 일이 까마득하진 않나요? 모든 것을 싸고 편리하게 살 수 있는 이 거대 기업이 매혹적이어서 그럴까요? 아마존이 사회 전체를 도청하고 분석한 데이터를 팔아 짭짤한 소득을 올린다는 점은 기정사실로 드러나 있습니다. 이 거대한 아마존은 자사를 유통 플랫폼으로 활용하지 않는 제조 업체와 상표를 체계적으로 방해하고 망가뜨리기까지 합니다. 또 아마존 물류 창고의 직원들은 손목에 스캐너를 차고 일하는데, 근무 시간을 조금이라도 허비하면 경고가 울리는 식으로 철저한 감독을 받는다는 사실 역시 알려졌습니다.

　더 나아가 아마존이 물류 시스템을 자율 주행하는 로봇으로 채우는 바람에 이제 창고에서 사람을 거의 찾아볼 수 없다고도 합니다. 심지어 채용 면접도 원격 카메라로 진행됩니다. 오로지 메일, 동영상, 내비게이션 기기로 채워진 게 아마존의 시스템입니다. 또 아마존은 세금도 거의 내지 않습니다. 낮은 법인세로 기업을 유치할 수 있는 이른바 '조세 피난처' 지역에 지부를 설치하고 세무 처리를 그곳에서 하기 때문입니다. 그러면서도 세금으로 조성된 각종 인프라와 취약 계층을 위한 복지 체계는 당연한 것처럼 이용합니다. 세금은 내지 않으면서 혜택은 누리는 정말 기막힌 상술 아닙니까? "내가 얻는 수익의 일부는 공동체 유지와 보존을 위해 쓰여야 한다."라는 선순환의 논리를 이런 기업은 귓등으로도 듣지 않습니다.

기계적으로 자원을 뽑아내 이익을 극대화하는 발전 모델은 그동안 글로벌 차원으로 퍼져 나갔습니다. 이런 전략은 자연뿐만 아니라 문화와 개인의 생활 방식마저도 판박이처럼 똑같게 만드는 경제 논리만을 따릅니다. 아무튼 전 세계가 이 지경입니다.

'페이스북Facebook'을 이용하는 고객은 한 달에 거의 25억 명입니다. '스타벅스Starbucks', '자라Zara', '프라이마크Primark', '맥도날드McDonald', '버거킹Burger King', '코카콜라Coca-Cola'는 전 세계에 없는 곳이 없지요. 우리는 같은 영화를 보고, 같은 음악을 들으며, 같은 스타에 열광하면서 햄버거와 파스타와 피자를 먹습니다. 전 세계 어디서나.

이런 것이 로봇 꿀벌과 무슨 상관이냐고요?

1983년 유엔은 인간의 경제활동을 지구가 가진 한계와 어떻게 조화시킬 수 있는지 묻고 고민하기 위해 세계환경개발위원회를 설립했습니다. 노르웨이의 수상을 역임했던 그로 할렘 브룬틀란Gro Harlem Brundtland이 이끈 이 위원회는 4년 뒤에 〈브룬틀란 보고서〉라고 알려진 연구 결과를 발표했습니다. 이 보고서에서는 지속가능한 환경을 원한다면 인간의 경제활동이 어떤 방향으로 나아가야 하는지 그 기준을 처음으로 제시했습니다. 이 보고서의 바탕에 깔린 발상은 간단합니다. '어떻게 해야 자연이 다시 균형을 회복할 수 있을까?'입니다. 당시에 이미 자연은 균형을 잃기 시작했기 때문에, 그 균형을 회복하도록 경제활동의 방향을 바로잡자는 제안은 상당한 설득력을 발휘했습니다.

위원회가 제시한 기준, 나중에 모든 환경 협약의 기초가 된 지속가능한 발전의 정의는 명쾌합니다.

"미래 세대가 그들의 욕구를 충족할 수 있는 기반을 저해하지 않는 범위 내에서 현세대의 욕구를 충족시키는 것이 지속가능한 발전이다."[6]

이런 통찰은 무엇보다도 두 가지 원칙을 강조합니다. 우선, 빈곤층의 생존 욕구가 가장 먼저 배려되어야 합니다. 다음으로 사회와 기술의 발달이 자연의 재생과 순환을 무너뜨리지 않아야 합니다. 보고서는 발상의 일대 전환을 마련했다는 점에서 무척 중요한 의미를 지닙니다.

1987년은 미국 경제학자 로버트 솔로Robert Solow가 경제성장의 개념을 새롭게 정립한 공로로 노벨 경제학상을 받은 해이기도 합니다. 솔로의 경제성장 개념은 새로운 발명을 경제를 이끄는 원동력으로 강조했을 뿐만 아니라, 자연 자원의 대체 가능성을 부각시켰습니다. '대체 가능성'이라는 말은 일반적인 지속가능한 경제 이론보다 복잡하게 들리지만, 어려울 게 없는 매우 간단한 개념입니다. 다만 환경 문제의 해결을 기존의 이론과 정반대의 방향에서 찾으려 한다는 점이 결정적인 차이입니다.

자연 자원의 대체 가능성이란, 자연 생태를 이루는 요소 가운데 위기에 시달리는 것을 들어내고 기술로 만든 인공 대용물로 대체할 수 있다는 뜻입니다. 로버트 솔로는 인간이 자연을 파괴하는 게 재앙도, 실수도 아니라고 강조합니다. 망가진 자연을 기술로 대체하면 아무 탈 없이 기능할 수 있다고 그는 주장합니다. 이로써 녹색 자연은 회색 기계로 바뀔 뿐입니다. 솔로는 〈브룬틀란 보고서〉가 제시한 두 번째 조건도 달리 해석합니다. 그는 기술 발달이 자연의 재생과 순환을 파괴하지 않도록 얼마든지 접합할 수 있다고 보았습니다. 기술이 자연을 충분히 대체하기만 하면 된다는 것이죠.

로버트 솔로의 직접적인 발언은 더욱 냉철합니다.

"자연 자원을 다른 요소로 매우 간단하게 대체할 수 있다면 원칙적으로 아무 문제가 없다. 세계는 자연 자원이 없어도 실질적으로 흔들리지 않는다. 자원 고갈은 하나의 사건일 뿐, 돌이킬 수 없는 파국은 아니다."[7]

이 문장을 처음 읽었을 때 저는 너무 놀라 입을 다물 수 없었습니다. 이런 이론에 노벨상을 주었다는 게 믿기지 않았습니다. 그런데 세계은행과 같은 중요한 기관들은 이 견해를 그대로 받아들여 자원 개발로 얻은 수익으로 교육이나 주택 문제를 해결하려 한 국가들의 업적을 인정하고 재정을 지원했습니다. 경제학에서는 이런 구상을 '순수 저축Genuine Savings'이라고 부릅니다. 이 같은 미사여구를 곧이곧대로 믿는다면 사람들이 열대림으로 만든 상품과 서비스로 많은 돈을 버는 한, 열대림이 사라져도 아무 문제가 없다는 결론이 나옵니다. 경제학이 유일하게 중시하는 지표는 돈과 가격이기 때문에 이런 어처구니없는 주장이 버젓이 등장합니다.

인위적으로 만든 대체물이 자연의 생명 네트워크와 정말 맞는지는 돈이라는 지표가 보여줄 수 없습니다. 우리 인간이 모든 생명을 파괴하면서 그 대체물로 기계를 만드는 게 정말 온당한지 하는 물음에 이른바 '가치중립'을 표방하는 경제학은 아예 관심을 가지지 않습니다.

한마디로 로버트 솔로의 관점은 자연과학의 연구 성과를 깨끗이 무시하는, 말이 되지 않는 헛소리입니다. 감히 말하건대 저는 그의 관점이 주제넘는다고 생각합니다. 반면, 〈브룬틀란 보고서〉의 관점은 훨씬 더 환경 친화적입니다. 어느 쪽이 맞느냐 하는 물음은 차치하고라도, 솔로와 브룬틀란의 대립이 여실히 보여주듯 세계를 보는 관점의 차이는 이처럼 큽니다. 같은 사안에 대한 관점의 이런 근본적 차이는 인류 역사에서 흔히 볼 수 있는 것입니다.

아무튼 어떤 미래를 선택할 것인지 우리 앞에는 두 가지 대안이 놓였습니다. 지금까지 하던 대로, 아니 더욱 거칠게 자원을 착취할 것인가, 아니면 근본적으로 변화하는 쪽을 택할 것인가. 세상을 바라보는 관점을 바꾸어야 합니다. 그러면 세상이 변합니다. 기술로 자연을 대체하자는 관점과 환경 친화적 관점은 오늘날에도 여전히 대립을 이루고 있습니다. 독자 여러분은 어느 쪽을 택하고 싶은가요? 1987년 두 관점이 충돌한 이후 어느 것이 관철되는지 궁금하지 않나요?

그럼 이제 다시 로봇 꿀벌로 돌아가볼까요?

식물에게 곤충이 해주는 수분 작업은 자연이 인간에게 베푸는 서비스라 할 만합니다. 이 서비스의 가치를 금전적으로 계산한 결과를 독일연방 자연보호청은 1년에 1,500억 유로라고 발표했습니다.[8] 이 액수는 '애플Apple', '구글Google'의 모기업 '알파벳 주식회사Alphabet Inc.', '페이스북', '마이크로소프트Microsoft'가 1년간 올린 수익을 모두 합한 것보다 많습니다.

생태계가 인간에게 베푸는 서비스는 이밖에도 무궁무진합니다. 물, 공기, 영양분의 정화와 순환, 태풍이나 홍수로부터의 보호, 자연이 제공하는 휴식 공간 등 이 모든 생태계 서비스를 돈으로 환산하는 것은 매우 어려운 일입니다.

흥미롭게도 자연이 인간에게 베푸는 이런 경제적 부가가치를 인간이 손수 만드는 형태의 가치와 비교해보려는 시도도 있었습니다. 거꾸로 우리 인간이 모든 것을 직접 만들어야만 한다면 그 비용이 얼마나 될지도 충분히 물어볼 만합니다. 물론 우리가 정말 그 모든 것을 할 수 있느냐를 따지지 않는다면 말이죠.

2014년 로버트 코스탄자Robert Costanza°를 중심으로 여러 학자들이 참가한 연구팀이 실시한 메타 분석의 추정 액수는 어마어마했습니다. 워낙 엄청난 금액이라 학자마다 조금씩 편차를 보인 것은 깨끗이 무시해도 좋을 정도였습니다. 2007년까지 자연은 인류에게 매년 125조에서 145조 달러에 달하는 서비스를 제공했습니다. 이 금액은 전 세계 국가들의 국내총생산GDP을 모두 합친 것보다 많습니다. 다시 말하면 전 세계에서 한 해에 인간이 만드는 모든 상품과 서비스를 합쳐도 자연의 서비스에는 못 미친다는 사실입니다.

2018년 전 세계의 GDP는 84조 달러였으며, 2007년에는 고작 55조 달러였습니다. 또한 이 연구는 2007년까지 매년 생태계 파괴로 일어나는 피해액이 적게는 4조 3천억 달러에서 많을 때는 20조 1천억 달러라고 밝히기도 했습니다.[9] GDP의 증가

○ 호주국립대학교에서 생태경제학과 공공정책학을 가르치는 교수다.(옮긴이주)

분과 생태계 파괴로 빚어지는 손해를 서로 상쇄한다면 결국 인간이 버는 돈은 그야말로 군색한 수준입니다.

또한 주목해야 할 점은, 우리를 둘러싼 자연이 자원을 제공하고 건강한 식생활을 할 수 있게 해주며 안락한 환경을 이용하게 해주는 서비스의 가치는 이처럼 막대함에도 우리 인류는 이를 거의 공짜로 누린다는 사실입니다. 우리는 이런 가치를 만들어내거나 개발할 필요가 없으며, 보수를 주거나 유지비를 쓰지 않아도 공짜로 누릴 수 있습니다. 경제는 돈이 들지 않는 것에는 아무런 가치를 두지 않기 때문에 결산표에 환경 비용을 위한 칸은 아예 없습니다. 그래서 사람들이 지금까지 자연을 등한시해온 것입니다.

우리는 집을 짓는 데 필요한 벽돌이나 땅에서 파낸 자원에만 돈을 지불합니다. 사람들은 1m³의 목재는 얼마이고, 1g의 철강은 얼마냐 하는 식으로만 계산합니다. 공기와 물을 재생하고 정화하며 배분하는 자연, 꽃가루를 퍼뜨리고 씨앗을 싹틔우는 자연, 탄소를 흡수해 저장해주며 다양한 생물종으로 안전한 먹을거리를 제공해주는 자연에게 그 값을 치러주는 시스템을 우리는 갖추지 않았습니다. 아니, 자연의 가치가 뭔지 제대로 알지도 못합니다. 자연보호와 성공적인 경제를 동시에 이룰 수 있다는 이야기는 이쯤 되면 정말 말이 되지 않는 헛소리라는 것이 분명해지지 않습니까?

전 세계 재배종 식물 생산의 3분의 1은 식물에게 수분을 해주는 곤충 덕분에 이뤄집니다. 그러나 월마트처럼 오로지 최저가 식품을 파는 일에만 관심을 가지는 기업은 식료품을 그처럼 싸게 공급하기 위해 산업화한 농업이 일으키는 폐해를 철저히 무시합니다.

그러나 다행히 최근 들어 월마트 역시 문제의 심각성을 의식하기 시작했습니다. 몇 년 전부터 월마트는 지속성을 중시하는 기업이 되고자 노력하는 모습을 보여주고 있습니다. 우선 그 거대한 화물차 군단을 새롭게 정비해 배기가스를 줄였으며, 냉장 설비의 전력량 소비를 낮추었고, 포장재를 최소화함으로써 탄소 배출량을 줄이려 시도했습니다. 물론 이로써 기후변화를 막으려 한다고 대대적인 광고도 했지요. 월마트는 그 어마어마하게 큰 매장 지붕에 태양열 발전 설비를 갖추어 미국 최대의 전력 공급자로 발돋움하기도 했습니다. 심지어 유기농 제품까지 취급하기로 결정해 단숨에 세계 최대의 유기농 우유와 유기농 목면 유통 업체로 올라섰지요.

대단한 성공입니다. 그렇지 않은가요?

이처럼 거대한 기업이 지속성을 중시하는 쪽으로 방향을 튼다면, 분명 전체적인 경제 시스템도 지속성에 방향을 맞춰 변화할 것이라고 우리는 믿고 싶어 합니다. 하지만 성장, 생산성, 경쟁력 등을 중시하는 경제 시스템, 제가 이 책에서 설명하고 그 배경을 캐물어온 경제 시스템은 그런 변화의 조짐을 보이지 않고 있습니다. 기업도, 우유와 의류를 취급하는 시장도 지속성에는 전혀 관심을 가지지 않기 때문입니다.

월마트는 지금 세계 최대의 유기농 유통 업체가 아닙니다. 대신에 이제는 로봇 꿀벌 개발에 열을 올리고 있습니다.

드론이 정말 꿀벌처럼 수분 작업을 할 수 있을까요? 최소한 그 시도만큼은 과감한 실험입니다. 아마존만 하더라도 여전히 인력은 필요합니다. 로봇의 손이 충분히 섬세하게 작업하지 못할 경우를 대비해 직원이 지켜봐야만 하기 때문입니다.

벌처럼 작은 초소형 전자 제품은 상처나 부상을 스스로 치유할 줄 아는 살아 있는 벌만큼 강인하지 못하며, 고장에 상당히 취약합니다. 그 밖에도 인간이 만든 모든 기술 대용품은 에너지를 필요로 합니다. 이 에너지 역시 인간이 어떻게든 공급해주어야만 합니다. 문제는 오늘날 기후변화를 막을 핵심 대책은 에너지 소비의 절감이라는 것입니다. 진짜 벌은 어떤가요? 에너지를 스스로 만들어냅니다. 이 에너지는 식물의 꽃가루와 벌이 손수 만든 꿀로 얻어집니다. 식물은 광합성으로 에너지를 얻습니다. 이처럼 꿀과 식물 같은 자연은 인간이 거들지 않아도 필요한 것을 스스로 해결하며, 생태계의 다른 동식물에 조금도 해를 끼치지 않습니다.

환경 문제를 오로지 '팀 인류'의 생존에만 국한해 풀려 하다니 정말 유감입니다, 솔로 씨. 모든 기능 요소를 인간이 만든 대체 기계로 채워 에너지 자원에 의존할 수밖에 없는 미래의 경제 시스템은 회복 탄력성이라는 관점에서 단적으로 미친 짓입니다.

왜 우리는 스스로 에너지를 만들며 재생하는 자연의 다양한 선물에 만족하지 못할까요? 이미 우리는 지금까지의 농화학과 산업 체계가 진짜 벌을 멸종 위기로 몰아넣었음을 충분히 보지 않았나요? 생명 보존의 혁신 의제가 어떤 것이어야 하는지 이제는 분명하지 않나요? 드론이 해답인가요? 아니면 환경 친화적 농업과 공급망과 토지 이용 방안을 새롭게 꾸미는 게 해답인가요? 더 많은 것을 즐기며 더 많은 것을 먹겠다는 경제적 사고가 바뀌지 않는 한 지속가능한 지구는 없을 것입니다.

인간의 경제활동이 자연에 얼마나 참혹한 월권을 저질렀는지는 이미 분명히 드러났습니다. 인간이 자연을 자신의 필요에만 맞추어 이용하는 한, 우리는 자연의 다양성을 훼손하며, 다시금 자연을 안정시키는 데 크나큰 수고를 감당해야만 할 것입니다. 인간이 만든 시스템은 지속적이지 않습니다. 이 시스템을 자연 친화적으로 개조하는 법을 배우지 않는다면, 자연은 곧 붕괴되고 말 것입니다.

인간과 행동:

**경제학은 인간에게
이기심만 가르칠 뿐이다**

성공한 사상은 앞으로도 보다 더 쉽게 성공을 거둘 수 있을 것이다. 성공한 사상은 사회와 정치의 시스템에 녹아들고, 사회와 정치 시스템은 이 사상이 더욱 폭넓게 퍼지도록 지원하기 때문이다. 그렇게 되면 이런 사상은 시간과 공간을 넘나들며 영향력을 발휘해 더 많은 추종자들을 확보할 것이다.

— 존 로버트 맥닐 John Robert McNeill, 역사학자

　'최후통첩 게임'은 인간의 행동 방식을 연구하는 경제학 실험입니다. 이 실험은 독일 경제학자 베르너 귀트Werner Güth°가 이끈 연구팀이 구상해냈습니다. 우선 연구팀은 두 명의 실험 참가자에게 일정 금액의 돈을 주고 서로 나누어 가지도록 했습니다. 돈을 받은 사람이 돈을 어떻게 나눌지 정한 뒤 상대방에게 제안하면 상대방이 이를 받아들일지 말지 결정하는 것이 실험 내용입니다. 상대방이 제안을 받아들이면 두 사람은 돈을 나누어 가집니다. 반대로 제안이 거부되면 두 사람 모두 단 한 푼도 가져갈 수 없습니다. 제안은 딱 한 번만 이뤄지며, 나중에 수정하는 것은 허락되지 않습니다. 따라서 돈을 손에 쥔 사람은 어

○　1944년생이며, 게임 이론과 경제행동학의 선구자다.(옮긴이주)

떻게 나누어야 상대방이 동의할지 잘 생각해야만 합니다.

실험 결과는 일종의 하한 금액, 곧 상대방이 동의하고 받아들이는 금액에 하한선이 있는 것으로 확인했습니다. 이 금액은 전체 금액의 대략 30% 정도입니다. 이를테면 1천 유로를 나누기로 했을 때 최소 300유로는 주어야 상대방이 동의하고 받아들입니다. 300유로보다 적은 돈을 주겠다고 하면 상대방은 거부합니다.

놀랍지 않은가요? 적어도 경제학자들은 이 결과에 놀라서 입을 다물지 못했습니다.

우리가 사는 세상에 대하여 새로운 관점을 갖고자 한다면 우리는 이 세상을 떠받드는 생각이 무엇인지, 오늘날 우리가 익히 아는 세계가 어떤 사상에 기초한 것인지 살펴야만 합니다. 인간이 자연을 보는 관점 이외에도, 인간이 자기 자신을 보는 관점 역시 이런 생각을 이루는 주요 뼈대입니다.

혹자는 자연을 보는 관점에서 인간이 자신의 이득부터 생각하는 것과 마찬가지로, 최후통첩 게임에서도 자신이 손에 쥘 수 있는 돈부터 생각하는 게 당연하지 않냐고 여깁니다. 인간이 이기적인 것이 당연하다는 거죠. 그러나 자세히 들여다보면 사정은 전혀 다릅니다.

대부분의 경제 이론이 그리는 인간상은 이기주의자입니다. 어떤 상황에서든 먼저 자신이 얻을 이득부터 냉정하게 계산하는 이기적인 성향이 인간의 본성이라고 경제 이론은 봅니다. 그동안 경제학은 소비자로서 어떤 상품이 최대의 이득을 줄지, 생산자로서 어떤 상품이 최대의 수익을 올려줄지 하는 계산에서 감정은 중요하지 않다고 보았습니다. 자신이든 타인이든 감정은 중시되지 않으며 오로지 계산에 능한 이성이 중요합니다. 그리고 이성은 비용과 수익 계산에만 매달립니다. 경제학은 이런 관점을 '호모 이코노미쿠스homo economicus'라 부르고, 인간이 어떻게, 그리고 왜 경제적으로 행동하는지 설명하는 근거로 삼아왔습니다. 호모 이코노미쿠스라는 개념이 정밀하게 다져진 것은 아니지만, 여러 경제 이론은 이 개념을 설명의 모델로 삼았습니다.

이기적인 호모 이코노미쿠스를 믿던 경제학자들은 최후통첩 게임의 결과에 깜짝 놀랐습니다. 호모 이코노미쿠스의 관점에서 볼 때 인간은 누가 공짜로 준다는 돈은 액수가 얼마든 받아야만 하기 때문입니다. 액수가 적다고 돈을 마다하는 사람은 호모 이코노미쿠스일 수가 없습니다.

그러나 실험 참가자들은 자신이 보기에 상대방이 공정하게 나누지 않은 것 같으면, 제안을 거부하고 돈을 포기해버렸습니다. 이는 경제학계에 널리 퍼진 이론과 인간상에 비추어 볼 때 완전히 말이 되지 않는 이야기입니다.

그런데 인간이 돈만 밝히는 이기적인 존재가 아니라면, 지속가능한 사회가 이뤄지는 게 왜 이토록 힘들까요? 저는 사람들이 제대로 알지 못해서 환경을 훼손한다고 생각합니다. 물론 순진한 소리처럼 들릴 것입니다. 그러나 다르게 행동해야 한다는 것을 안다면, 또 어떻게 행동해야 하는지 안다면, 인간은 자연을 정상으로 되돌려놓으려 노력할 게 분명합니다. 바로 그래서 저는 홍보의 중요성을 깨닫고 미디어 학문을 공부하기도 했습니다. 그러나 지금껏 살펴보았듯, 안다는 것이 과연 무엇이며, 어떤 지식이 도움을 주는지 질문하는 자세 또한 아주 중요합니다.

대다수의 사람들이 '논리적'으로 보는 것을 일류 대학교에서 경제학을 가르치고 배우는 이른바 '전문가'들은 착시, 곧 잘못 본 것이라고 진단합니다. 참 놀라운 일입니다. 유럽 전역에서 공인되는 자격증을 받기 위해 경제학 강의를 듣던 중에 저는 더욱 놀라운 경험을 했습니다. 경제학이 다루는 세상이 일종의 '유령 세상'이라는 깨달음은 저를 무척 서글프게 만들었습니다.

경제학 이론에는 진짜 인간은 물론이고 진짜 자연도 거의 등장하지 않습니다. 오늘날의 경제학은 오로지 어떻게 해야 기업이 더 많은 수익을 올리며, 고객들이 더 많은 상품을 구매하게 만들지 하는 문제만 다룹니다. 다시 말해서 경제학은 국가 경제가 성장하는 것에만 관심을 가집니다. 이런 관점이 보는 유일한 가치가 바로 '돈'이지요.

저는 지금도 어떤 한 강의에서 겪었던 일을 선명하게 기억합니다. 강의에서 교수는 노동자들이 임금을 조금이라도 더 받을 수만 있다면, 다른 나라로 기꺼이 옮겨갈 수 있다고 설명했습니다. 저는 손을 들어 질문했습니다.

"교수님, 얼마나 가난이 고통스럽고 임금 격차가 극심하면 그 노동자들이 가족까지 떠나 외국으로 나갈까요? 이런 경우 노동자 쪽에서 발생하는 수고와 비용에 대해서는 왜 그 어떤 경제학 이론도 다루지 않습니까?"

제 질문에 강의실은 돌연 물을 끼얹은 듯 조용해졌습니다. 교수는 조교를 힐끗 쳐다보았으며, 학생들은 모두 저를 응시했습니다. 교수는 한참 후 이렇게 대답했습니다.

"학생은 참 따뜻한 심장을 가졌군요!"

교수는 저의 질문에 제대로 된 답은 하지 않았습니다. 이후에도 저는 왜 경제학은 차가운 심장만 중시하는지 의문을 떨칠 수 없었습니다. 그렇지만 우리가 지속가능한 사회를 꾸려가지 못하는 이유를 설명하는 데 의미심장한 한 걸음을 내디뎠습니다. 저는 경제학 사상의 역사에 초점을 맞추고 이 유령 세상이 어떻게 생겨났는지, 그리고 경제사상은 정치와 사회의 발전에 어떤 역할을 해왔는지를 다룬 박사 논문을 쓰기로 결심했습니다.

우리의 경제학은 오로지 인간을 경제적인 존재로만 생각합니다. 기업의 이윤과 가계의 소비만이 기준으로 삼아 세상을 바라보는 경제학은 우리 인간 역시 철저하게 경제적 이익을 따지는 이기주의자로 바라봅니다.

경제학이 인간의 행동을 평가하는 기반, 다시 말해서 인간이 합리적으로 경제활동을 하는지 안 하는지를 어떤 잣대로 가늠할까요? 여기에 대해 사상적 토대를 제공한 경제학자들은 세 명입니다. 이들은 모두 200년 전에 태어난 남자들이고, 모두 영국 출신입니다. 경제학의 바탕에 놓여 있는 인간상, 곧 앞서 살펴본 이기적 인간이라는 그림 역시 산업화 시대에 영국에서 생겨났다는 점은 그래서 그리 놀라운 이야기가 아닙니다. 이론과 현실은 따로 노는 게 아니라, 서로 거울을 보듯 닮게 마련입니다.

이 남자들 가운데 첫 번째 인물은 애덤 스미스Adam Smith입니다. 《국부론》은 오늘날에도 자주 인용되는 그의 대표작입니다. 애덤 스미스는 인간이 노동을 통해 자신이 가장 잘할 수 있는 것을 성취한다고 보았습니다. 사람은 저마다 잘할 수 있는 게 다르기 때문에 이로써 다양한 상품이 시장에서 자유롭게 거래됩니다. 이 상품의 가격은 수요와 공급이 결정합니다. 수요와 공급이라는 방식으로 각 개인의 이해관계가 조절됨으로써 크게 보면 전체 사회는 균형 있게 발전합니다. 이런 논리를 애덤 스미스는 '보이지 않는 손'이라고 표현합니다.

마치 무슨 마법처럼 들리는 이야기 아닌가요? 그러나 시장이 보이지 않는 손으로 조정된다는 이론은 애덤 스미스 자신보다는 후대의 경제학자들이 더 중시하여 각자 자신에게 유리한 쪽으로 활용했습니다.

두 번째 남자는 데이비드 리카도David Ricardo입니다. 그는 무엇보다도 국가 관계 차원에서 분업과 교환에 초점을 맞춘 경제이론을 선보였습니다. 각 국가가 서로 무역을 하는 것으로 저마다 이득을 볼 교역 모델을 제시한 것입니다. 이에 특정 상품이 자국에도 있으며, 심지어 더 낮은 가격으로 구매할 수 있어도 교역을 하는 편이 국가 경제에 이득을 준다고 리카도는 강조했습니다.

그가 예로 든 것은 포르투갈과 영국 사이의 교역입니다. 당시 두 나라는 저마다 수건과 와인을 생산하고 있었습니다. 포르투갈은 수건과 와인 모두 더 저렴한 생산비로 만들어낼 수 있었습니다. 리카도는 그럼에도 두 나라가 서로 교역을 하는 것이 양쪽 모두에게 유리하다고 주장했습니다. 포르투갈은 와인을 만드는 데 영국보다 노동력을 덜 필요로 하는 반면, 영국은 수건을 포르투갈보다 더 저렴한 인건비로 만들 수 있었기 때문이지요. 그러므로 포르투갈이 와인에, 영국이 수건에 각각 특화하면, 각 국가가 두 가지를 모두 만드는 것보다 훨씬 더 많은 생산이 가능해지는 것입니다. 이른바 '비교 우위Comparative advantage'를 따지는 리카도의 이 교역 모델로 오늘날까지도 국제무역이 이뤄지고 있습니다. 더 정확히 말하자면 이 비교 우위가 무역을 만들어냈습니다.

세 번째 남자는 경제학자는 아니지만, 경제 모델의 바탕을 제시한 자연과학자 찰스 다윈Charles Darwin입니다. 다윈은 새로운 생물종이 유전자의 우연한 변화로 생겨난 것을 알아낸 뒤, 새로운 종의 출현에는 자연의 선택이 함께 작용하고, 이 선택을 거쳐 환경에 적응한 종만 살아남는다고 주장했습니다.

이런 관점을 당시 갓 생겨난 경제학에 적용한 사람 가운데 대표적인 인물이 철학자이자 사회학자인 허버트 스펜서Herbert Spencer입니다. 적자생존과 약육강식의 이 논리는 인간들이 서로 분업해서 재화를 만들어내는 경제활동을 아무 의미 없는 것으로 보았습니다. 이제 경제는 만인 대 만인의 싸움, 오로지 가장 강한 자만이 살아남는 투쟁으로 인간관계를 정의했습니다.

앞에서 언급한 세 가지 전제들을 따른다면 경제활동은 이기주의자들 가운데서 살아남으려 안간힘을 쓰는 지독히 이기적인 싸움일 수밖에 없습니다. 오로지 자신만 생각하는 이기주의자가 생산을 계속 늘려가며 재산을 축적하면 결국에 가서는 모두를 위한 부가 형성된다니, 참으로 기적처럼 들리는 이야기 아닙니까?

독자 여러분에게는 이런 이야기가 어떻게 들립니까? 마치 물어주기만 기다리는 미끼가 달린 낚싯바늘 같지 않은가요?

그럼 다시 '호모 이코노미쿠스'로 돌아가봅시다. '호모 이코노미쿠스'와 '최후통첩 게임'의 대립으로 과연 인간이 이기적인지 그렇지 않은지 설명될 수 있을까요? '최후통첩 게임'이 과연 인간의 이기적 속성을 부정하기만 할까요? 어딘지 모르게 앞뒤가 딱 맞아떨어지지 않는 것처럼 들림에도 이 실험 결과는 언론이 즐겨 인용하고 있습니다.

1970년대 중반에 미국의 경제학자 리처드 이스털린Richard Easterlin은 〈경제성장이 인간의 행복을 증진시키는가?Does Economic Growth Improve the Human Lot?〉라는 제목의 연구 논문을 발표했습니다. 그는 이 논문에서 19개 국가들의 지난 25년간 경제지표를 정리한 다음, 이들 국가의 국민을 대상으로 생활 만족도를 묻는 설문 조사를 하고 그 결과를 비교했습니다. 여기서 그는 1인당 평균수입이 일정 수준을 넘어서면, 계속 수입이 늘어나도 만족도가 높아지지 않는 것을 확인했습니다. 분명 GDP가 말해주는 1인당 소득과 행복에 처음에는 확실하게만 보였던 결합이 풀려버리는 지점이 존재한 것입니다. 돈을 많이 번다고 해서 자동으로 삶의 질이 높아지는 게 아니라는 점은 사실로 드러났습니다. 이 모순은 발견한 사람의 이름을 따서 오늘날까지도 '이스털린 역설Easterlin-paradox'이라고 합니다.

경제학을 모르는 사람일지라도 더 많은 돈이 반드시 더 큰 행복을 보장하지 않는다는 점은 잘 압니다. 그럼에도 경제학은 왜 굳이 이걸 '역설'이라고 부를까요? 먹고 마실 게 충분하며 비바람을 막아줄 지붕을 가진 사람은 건강과 화목한 관계와 충족감을 누릴 수 있는 직업, 그리고 상대로부터의 인정을 훨씬 더 소중하게 여깁니다. 그럼에도 우수한 두뇌를 가진 경제학자들은 여전히 '호모 이코노미쿠스'에 집착하며, 단정적으로 이기적 행태에만 맞추어 시장과 사회의 발달을 설명하려 안간힘을 씁니다.

지금까지 경제학 이론(그리고 계산 모델)은 주로 대표성을 가지는 모집단을 통해 경제가 앞으로 어떻게 움직일지 전망해왔습니다. 따라서 이 모델은 현실에 근접한 진단을 내놓기가 쉽지 않습니다. 경제학에서는 표본 집단을 골라 개인의 속성으로 모든 사회현상을 설명하는 것을 '방법론적 개체주의Methodological individualism'라 부르는데, 대다수 경제학자들이 이 '방법론적 개체주의'를 고수하고 있습니다.

경제학이 핵심적으로 관심을 가지는 문제는 그 본래적인 목

○ 오스트리아의 경제학자 조지프 슘페터Joseph Schumpeter가 도입한 개념이다.(옮긴이주)

표, 곧 소비 증가라는 목표를 이루려면 부족한 자원을 어떻게 활용해야 하는지, 소비를 유도하기 위해 인간으로 하여금 어떤 결정을 내리게 해야 하는지 하는 것뿐입니다.

'방법론적 개체주의'에 대항하는 모델은 나중에 생겨났습니다. '에이전트 기반 모델Agent-based model'이라는 이 모델은, 단순히 개인뿐만 아니라 제도, 기관, 기업, 단체 등 다양한 요소들이 맞물리는 상호작용을 연구하는데, 너무 복잡해서 엄청난 계산 작업을 요구합니다.

사실 모든 경제학 이론은 현실을 거칠게 그려낸 그림입니다. 현실을 섬세하지 못하게 단순화한 결과물이라고나 할까요? 이론이니 어쩔 수 없습니다. 하나의 이론은 언제나 세상을 읽는 특정한 독법입니다. 학자가 자신의 관점으로 세상을 보고, 이 세상을 단순화해 설명하는 것이 이론이기 때문입니다. 이론은 현실의 몇몇 측면만 부각시키고, 의도적으로 이 측면을 다른 것보다 더 중시합니다. 또 어떤 측면은 아예 무시하지요. 이런 취사선택이 반드시 결함이라고 할 수는 없습니다. 이론은 복잡해서 전체를 가늠하기 힘든 현실을 한눈에 알아볼 수 있게 설명하려는 장치이기 때문이죠. 그래서 결함을 가진 이론은 더 나은 이론에게 밀려나 조용히 사라집니다.

애덤 스미스의 '보이지 않는 손'이라는 이론 역시 단순화의 산물이지만 우리는 그가 관찰의 대상으로 삼았던 현실이 어떤 것인지 잊어버립니다. 그가 살았던 시대에는 영세한 수공업자와 공장제수공업이 경제를 주도했습니다. 오늘날 우리가 아는 거대 기업, 국적을 초월하여 글로벌 차원에서 활약하는 다국적 기업은 당시에 존재하지 않았습니다.

애덤 스미스의 또 다른 책인 《도덕 감정론The Theory of Moral Sentiments》은 인간의 본질적인 특징으로 '공감의 원리'를 강조합니다. 그가 시장을 규제하는 법을 옹호했다는 사실과 더불어 이 공감의 원리 역시 오늘날의 경제학은 한사코 무시합니다. 애덤 스미스는 시장이 모든 것을 자율적으로 해결한다고 주장한 적이 결코 없습니다.

데이비드 리카도의 경우도 비슷합니다. 그는 자본이 제멋대로 세상을 누비고 다니며, 어떤 특정한 나라의 생산 조건에 더는 얽매이지 않는 거대 금융시장이 생겨나리라고는 꿈도 꾸지 못했습니다. 이런 금융시장은 단지 몇몇 국가 사이의 교역이나 특정 상품의 거래에는 신경조차 쓰지 않습니다. 금융시장의 척도는 전 세계입니다.

자유무역에 참여하는 국가는 자동적으로 자유무역에 참가하는 다른 국가와 경쟁합니다. 그리고 기묘하게도 수출하는 것 못지않게 많은 상품을 수입합니다. 개별 제품을 생산하는 데 드는 비용의 상대적 차이는 전체 경제 규모에서 볼 때 국가 사이의 교역으로 상쇄되기 때문입니다. 따라서 국가는 자국의 특산품 생산에 주력하면서 그 생산 비용을 어떻게든 낮추려 혈안이 됩니다. 세계시장에서 경쟁력을 갖춘 가격으로 팔기 위해 생산 비용을 낮추려는 압력은 계속 올라갑니다. 비교 우위는 모든 것을 어디서나 항상 더 싸게 만들려는 투쟁을 낳는데, 우리는 이것을 '경쟁력'이라 부릅니다.

그럼 찰스 다윈은 어떤가요? 진화는 선택과 시행착오로 이뤄지는 과정입니다. 하지만 진화는 종의 다양성을 키울 뿐, 어느 특정 종에 집중하지 않습니다. 물론 강한 것과 약한 것의 차이는 존재합니다. 그러나 결정적으로 중요한 것은 적응력입니다. 다시 말하자면 약한 생물종이라 할지라도 자신만을 위한 틈새 공간을 찾아내는 능력이 있다는 것입니다.

그럼에도 우리는 몇 가지 생명체에게만 다른 생명체보다 나은 조건을 만들어줌으로써 '모두 조화롭게 생존하는 것'보다 '경쟁력'을 강조합니다. 자연의 경쟁은 언제나 지역에 국한된 것이지, 전 세계를 포괄할 정도로 독점력을 키우지는 않습니다. 자연은 환경의 변화에 대비해 되도록 많은 대안을 남겨놓으려 하기 때문입니다. 이렇게 볼 때 틈새를 살리고 다양성을 키우는 자세가 전체의 존립과 새로운 것의 출현에 있어서 더 중요합니다.

세 명의 선구적 사상가와 관련해 공통적으로 나타나는 현상은 후대 학자들이 세 사람의 핵심 사상을 그 본래의 맥락에서 끊어내 '경제의 보편 법칙'인 양 꾸몄다는 점입니다. 그렇다면 본인들의 진의와 상관없이 자유와 경쟁만 강조한 이런 해석이 이뤄졌음을 분명히 해두는 것이 왜 중요할까요?

경제학은 그저 몇몇 교수들이 자신들만의 세상을 꾸려 그 안에서 한가롭게 연구하는, 아무도 읽지 않는 논문이나 쓰는 학문이어서는 안 되기 때문입니다. 아니, 경제학은 우리 모두와 관련된 학문입니다. 경제학 이론을 바탕으로 기업은 사업 모델을 수립하거나 결산 보고서를 작성하고, 정부는 정책을 입안합니다. 경제학의 진단에 따라 필요한 제도와 기관이 만들어지기도 합니다. 우리는 누구나 의식하든 그렇지 않든, 경제학의 진단과 처방에 맞춰 행동의 방향을 잡습니다. 경제학은 우리의 경제활동이 경제적인지를 판단하는 평가 시스템을 만들고, 무엇이 발전인지 정의합니다.

솔직히 '비경제적'이라든가 '비효율적'이라는 말은 이미 오래전부터 어떤 사안을 두고 내릴 수 있는 가장 파괴적인 평가가 아닌가요? 2차 세계대전 이후 우리가 경험한 물질적 풍요의 엄청난 증가, 환경을 전혀 고려하지 않고 이뤄진 믿기 어려운 성장은 단순히 경제학의 이론만 따라온 결과가 아닌가요?

인간은 늘 이론을 바탕으로 인생을 설계해왔습니다. 이론은 이른바 '현실'이 무엇인지 알아내고자 하는 생각의 결과물입니다. 그러므로 어떤 이론이 시험대 위에 세운 현실을 왜곡한다면, 이는 이론만의 문제가 아닙니다. 이론은 우리가 지나칠 정도로 맹신할 때 언젠가는 그 이론에만 짜 맞춰진 현실, 곧 가짜 현실을 만들어냅니다.

바로 그래서 반성적인 학문은 이론을 항상 업데이트하도록 요구합니다. 이론이 더는 현실과 맞지 않으며, 심지어 가짜를 만들어낸다면 우리는 과감히 이론을 바꿔야만 합니다. 더는 작동하지 않는 운영 체계는 바꾸는 수밖에 없습니다. 200년 전에 적용되던 교육법에 따라 자녀를 키울 부모는 없지 않을까요?

호모 이코노미쿠스는 자원의 소중함도, 협력도, 공감도, 책임도 모릅니다. 개인이든 사회든 오로지 경제적 이득만 추구할 뿐입니다. 아니, 정확히 말해서 호모 이코노미쿠스는 사회가 무엇인지도 모릅니다.

인간은 그 누구도 호모 이코노미쿠스로 태어나지 않습니다. 그러나 호모 이코노미쿠스로 행동할 때마다 보상을 주는 식으로 자녀를 키운 탓에 우리 사회에는 이기주의자들이 넘쳐납니다. 이론이 현실을 만듭니다. 그리고 우리 인간은 자신의 행동을 다른 사람에게 멋들어지게 설명하거나, 최소한 잘못된 게 아닌 것처럼 보이려고 그럴싸하게 들리는 이야기를 찾습니다. 이기적이며 배려라고는 모르고 더없이 차갑게 굴면서 이론을 들먹이는 태도가 달리 나오는 게 아닙니다. 그러니까 나눌 줄 아는 따뜻한 마음가짐, 즉 이타적인 특성을 억누르는 것은 잘못된 교육입니다.

세계 최대 기업들의 법률 자문으로 활동한 바 있는 변호사 제이미 갬블Jamie Gamble은 기업 문화를 두고 오로지 주가만 생각하는 바람에 기업의 경영자와 책임자는 '소시오패스sociopath'가 되고 말았다고 한탄합니다. 고객도 부하 직원도 안중에 없으며, 생산하고 판매하는 지역의 문제에 신경 쓰거나, 환경과 미래 세대를 위해 노력하는 일은 전혀 찾아볼 수 없었다고 그는 지적합니다.[10]

기업만 그런 것은 아닙니다. 우리 주변을 살펴보면 본래 경제와 아무 관련 없는 많은 분야가 경제 논리로 물들어 있습니다. 다른 사람, 이를테면 어린아이, 환자, 노인을 돌보는 일조차 경제 논리에 사로잡혔습니다. 교육, 배우자 선택은 물론이고 본인의 몸에 대해서도 마찬가지입니다. 뮌헨의 병원들은 어린아이들을 돌보는 데 너무 많은 인력과 시간이 든다는 이유로 소아과 병동을 차례로 닫았습니다. 치료 기간이 얼마나 걸리든 오로지 외래 진료와 처방에 따른 의료비만 계산됩니다. 환자에게 친절하게 설명해주고 위로하며 아픔에 귀를 기울이는 일은 수익만 떨어뜨린다고 여긴 것입니다.

우리는 휴가 여행을 떠나며 가슴이 부풀면서도 동시에 초조합니다. 시간이 없기 때문입니다. 휴가에서 돌아오면 쌓여 있을 업무 생각에 가슴이 금세 답답해집니다. 아이를 낳아 키우는 것조차 우리는 시간과 노력의 투자라고 여깁니다. 아이가 커서 높은 연봉을 받는 직업, 이를테면 투자 전문가가 되지 않으면 모든 노력이 허사가 되고 만다며 부모는 한숨을 쉽니다. 독일에는 '헤바메Hebamme'라는 전문 출산 도우미가 있는데, 이들처럼 사회적으로 가치 있는 일을 하는 직업은 무시되게 마련입니다.

또 요즘은 텔레비전을 켜면 '캐스팅 쇼' 일색입니다. 이 쇼에 출연하는 후보들은 시장(시청자)이 엄격한 심사 위원으로 그 가치를 평가하는 상품과 다르지 않습니다. 실적 부담으로 시달리는 스트레스 탓에 '번아웃 신드롬'을 피하고자 요가나 명상을 하는 이들도 많습니다. 어떻게 해야 이 쳇바퀴로부터 빠져나올 수 있을까 하는 목적에서의 요가나 명상이 아닙니다. 다시금 빨리 몸 상태를 회복해 더욱 생산적이고 매력적으로 보이고 싶을 뿐입니다.

요즘 사람들은 이런 것을 두고 '자기 최적화'라 부릅니다. 그리고 마치 디지털 기기나 임플란트처럼 최적화가 자동으로 이뤄졌으면 하고 바랍니다. 우리는 결국 모두 인간 자본에 지나지 않으며, 오로지 자신의 시장가치를 끌어올리기에만 혈안이 되어 있습니다.

뭐든지 판매와 경쟁의 시각으로만 보는 풍조가 삶의 구석구

석을 얼마나 물들여놓았는지 확인시켜주는 것은 이른바 '소셜 미디어'뿐만이 아닙니다. 물론 소셜 미디어보다 더 심한 곳이 없기는 합니다. 이런 풍조는 수요와 공급이라는 법칙을 무슨 마법의 주문처럼 떠받듭니다. 사람들은 끊임없이 자신의 이름을 인터넷에서 검색하고 '팔로워'가 몇 명이나 되는지, '좋아요'와 '친구 신청'이 얼마나 되는지 헤아려야만 자신의 존재감을 확인합니다.

어떻게 해야 이런 쳇바퀴로부터 빠져나올 수 있을까요?

불교의 노동관은 이론에서 그 기본 전제 하나만 바뀌어도 세상이 완전히 달라진다는 점을 여실히 보여줍니다.

발전을 최우선의 원칙으로 떠받드는 서구 사회의 경제 모델에서 노동은 고용주에게 되도록 그 비용을 최소화하고 싶은 요소에 지나지 않습니다. 반대로 노동자에게 노동은 자유와 시간을 빼앗아가는 고역이며, 임금은 그 보상일 뿐입니다. 양측이 보는 이상적인 세계 역시 판이합니다. 고용주는 노동자에게 임금을 주지 않아도 되는 세상을, 노동자는 일을 하지 않아도 임금을 받는 세상을 각각 꿈꿉니다.

반면 불교는 노동을 인간에게 각자의 개성과 능력을 함양시켜주는 것으로 이해합니다. 노동은 인간을 서로 결합해주며, 자기만 생각하는 이기심에 빠져 고립되는 것을 막아줍니다. 무엇보다 노동은 인간답게 살아가는 데 필요하며 존엄함을 지켜줄 상품과 서비스를 창출합니다.

불교가 그리는 이상적인 세계는 되도록 싼 가격으로 생산을 늘리는 게 아니라, 구성원 모두의 안녕을 지켜주기 위한 이른바 '일하는 사회'입니다. 자동화를 능사로 여기지 않으며, 사람이 땀 흘려 일하면서 부득이할 때에만 기술의 도움을 받는 세상이 불교가 그리는 이상입니다.

인간의 힘이나 능력을 강화해주는 도구와 인간에게 일자리를 빼앗는 기계의 차이는 크기만 합니다. 어떤 대가를 치르고서라도 되도록 많은 재화를 쥐려는 것은 불교적 시선으로 봤을 때 범죄입니다. 인간보다는 재화를, 경험과 관계보다는 이윤과 상품을 더욱 중시하는 자세는 삼라만상의 조화를 깨트리는 죄악이기 때문입니다.

자, 이제 호모 이코노미쿠스와 불교의 차이가 무엇인지 확실히 느껴집니까?

이처럼 세상에 대하여 새롭게 생각하기 위해서는 지금까지의 세계관이 가진 전제 하나만 바꾸어도 충분합니다.

독일 태생으로 영국에서 활동한 경제학자 에른스트 프리드리히 슈마허Ernst Friedrich Schumacher는 1950년대 중반에 당시 미얀마의 경제 자문관으로 일하며 '불교 경제학'이라는 새로운 경제 철학을 제시했습니다. 그의 책《작은 것이 아름답다Small is Beautiful》는 독일어판으로 《인간적 척도로의 귀환Rückkehr zum menschlichen Maß》이라는 아름다운 제목으로 출간되었는데, '지속성'이라는 개념이 생겨나기 오래전에 이미 지속가능한 경제를 이야기한 대단히 중요한 책입니다. 1970년대 초에 발표된 이 책은 곧장 베스트셀러가 되었으며, 오늘날 우리가 품은 질문에 답을 주듯 미래를 묘사합니다.

그럼에도 노벨상은 슈마허를 끝내 외면했습니다. 그리고 오늘날 경제학의 최고 권위를 자랑하는 저널에서도 굳어버린 세계관의 배경을 캐묻는 기사는 거의 찾아볼 수 없습니다.

저는 이런 맥락에서 2019년 9월에 경제협력개발기구OECD가 개최한 '체제 붕괴 방지Averting Systemic Collapse' 회의를 매우 고무적으로 받아들입니다. OECD의 작은 연구 분과인 '경제적 도전에 대응하는 새로운 접근New Approaches to Economic Challenges; NAEC'은 또 하나의 보고서를 발표했습니다. 이 보고서는 '호모 이코노미쿠스' 경제 모델의 부적절함을 보여주는 경험적 사례의 긴 목록을 정리하고, 자연환경을 다루는 문제에서 자본주의의 '대체 가능성'이라는 생각이 말이 되지 않는 허구임을 분명히 보여주었습니다. 기술로 자연을 대체한다는 생각은, 경제성장을 더 많은 고용이나 정의 또는 삶의 질과 동일시하는 것만큼이나 말이 되지 않는 이야기라고 보고서는 지적했습니다.

이 연구 그룹이 보고서를 발표하자마자 흥미로운 일이 일어났습니다. 미국 대표가 NAEC의 팀장을 찾아와 이데올로기의 혼란만 야기하는 그런 연구는 OECD의 설립 목적과 합치하지 않는다고 을러댄 것입니다. 결국 OECD의 의제를 결정하는 쪽은 조직에 분담금을 내는 회원국들 아니겠습니까?

그러면 기업의 대표이사들은 어떤 반응을 보였을까요? 이들역시 NAEC의 제안, 곧 기업은 직원, 고객, 지역, 환경, 그리고 미래 세대를 위해 보다 더 큰 책임을 보여주어야 한다는 제안에 별로 열광적인 반응을 보이지 않는다고 제이미 갬블은 촌평합니다.

"나는 결코 낙담하지 않는다. 물론 내가 우리 또는 이 배를더 나은 세상으로 데려갈 바람을 일으킬 수는 없다. 하지만 적어도 나는 돛을 올려, 바람이 불어올 때 바람을 받을 채비를 할수 있다."[11]

슈마허가 쓴 문장입니다.

약간의 바람은 OECD가 이미 만들어냈습니다. 심지어 미국의 노골적인 거부권 행사에 맞서는 바람도 일으켰습니다. 어쨌거나 OECD는 지금껏 써온 "성장을 위한 더 나은 정책"이라는 표어를 "더 나은 삶을 위한 더 나은 정책"으로 바꾸었습니다.

대다수 경제학자들은 인간을 오로지 자신의 이득만 생각하는이기적인 존재로 치부합니다. 그리고 이러한 이기적 태도가 기적적으로 모두를 위한 풍요로움을 창출한다고 경제학자들은 강변합니다. 인간을 이렇게 보는 관점은 틀렸으며, 시급히 바로잡아야만 합니다. 이기주의를 보상해주는 시스템은 이기주의를 키울 뿐입니다. 우리는 인류가 서로 협력하며 살아갈 수 있게 지원하는 가치들을 새롭게 부각시켜야만 합니다.

성장과 발전:
지구의 파괴를 더 이상
성장이라 불러서는 안 된다

세계는 삼중의 실존적 위기와 맞닥뜨렸다. 기후 위기, 불평등 위기,
민주주의 위기가 그것이다. 그럼에도 우리가 경제성장을 측정하는
기존의 방식은 이 심각한 위기에 대해 어떤 경고도 하지 않는다.

— 조지프 스티글리츠Joseph Stiglitz, 경제학자

카르스텐 슈반케Karsten Schwanke는 기후학자이며, 독일 공영
방송 ARD에서 8시 뉴스 직전에 일기예보를 진행하는 사람입
니다. 시청자에게 기상 현상을 쉽고 흥미롭게 풀어주는 방송으
로 친숙한 이미지를 갖고 있습니다. 그는 왜 무지개가 아치 모
양으로 휘는지, 구름은 왜 하늘에서 떨어지지 않는지 3~4분이
면 충분히 설명합니다. 지금껏 이런 궁금증을 한 번도 품어본
적 없는 사람들도 눈을 반짝여가며 그의 설명을 듣곤 하지요.

얼마 전부터 카르스텐 슈반케는 이 방송 시간에 기후변화 문
제도 다루고 있습니다. 남극의 빙산이 그곳 온도가 영상으로
올라간 적이 없는데 왜 녹는지, 어째서 독일에 가뭄이 심하며,
캘리포니아에서 산불이 그치지 않는지, 이탈리아에서는 왜 홍
수가 일어나는지, 그리고 이런 현상들은 서로 어떤 연관을 가

지는지 설명해줍니다. 그저 그런 날씨 이야기인가 보다 하고 듣고 있노라면 갑자기 세계 멸망이 실감 나게 다가옵니다. 큰 충격을 받은 시청자들은 마치 저 아침 출근길에 지하철 열차 지붕 위로 올라간 두 남자를 바라보는 군중처럼 당혹감을 감추지 못합니다.

소셜 미디어에서 카르스텐 슈반케가 기후변화를 설명하는 방송도 폭발적인 인기를 누리고 있습니다. 그 동영상들이 한 달 만에 10만 번 이상 공유되었고, 수백만 명의 구독자가 시청하고 있습니다. ARD는 8시 뉴스 전에 한 시간 정도 카르스텐 슈반케의 날씨 방송, 이를테면 '7시 기후'를 편성해달라는 시청자들의 열화 같은 요청에 시달려왔습니다.

지속성 문제를 연구하는 학자로서 저는 방송이 다루는 주제가 시의적절하고 대중이 이 문제에 더욱 관심을 가지면 좋겠다는 뜻에서 방송을 적극 추천했습니다. 또 정치경제학자로서 저는 기후를 다루는 보도가 주가 현황 보도 바로 뒤에 오면 좋겠다는 생각도 했습니다. 주가의 부침을 알리는 곡선을 보고 나서 곧바로 이산화탄소의 증가를 나타내는 곡선을 본다면 대중의 경각심이 더 높아질 테니까요. 그럼 우리의 경제 시스템으로 인해 외면당하는 기후 문제가 단 몇 분 만에, 가장 좋은 방송 시간에 생생하게 전달될 수도 있지 않을까 생각했지요.

하와이의 '마우나로아 관측소Mauna Loa Observatory'는 1958년 부터 대기권의 이산화탄소 비율을 측정해왔습니다. 관측소는 애초부터 의도적으로 일체의 문명과 떨어진 외딴곳에 세워졌 습니다. 화산을 등져 바람이 잘 불지 않는 입지는 해발고도 3천 미터이며, 아메리카 대륙으로부터 약 4천 킬로미터 떨어진 지 점입니다. 그 어떤 것도 측정 결과를 왜곡할 수 없습니다. 이런 방식으로 60년이 넘게 끊임없이 추적해온 데이터는 세상에서 가장 귀중한 정보라고 할 수 있습니다.

측정값이 그리는 그래프 곡선을 보면 이산화탄소가 가파르 게 증가해온 것을 알 수 있습니다. 증가 추세가 주춤하는 예외 적인 국면은 세 번 있습니다. 1970년대 중반과 1990년대 초반, 그리고 2008년 이후 얼마 동안 곡선의 상승 기세가 잠깐 꺾입 니다.

왜 그럴까요?

1970년대 중반의 굵직한 사건은 이른바 '석유 파동'입니다. 아랍의 산유국들이 석유 생산량을 고작 5% 낮추었는데 순식간 에 유가가 거의 두 배 넘게 뛰었습니다. 1990년대 초에는 소비 에트가 붕괴했습니다. 그리고 2008년에는 금융 위기가 많은 국 가들의 경제성장에 제동을 걸었습니다. 세 사건은 정치적으로 는 서로 성격이 판이한 위기였지만, 경제적으로는 똑같은 결과 를 낳았습니다. 생산이 줄고, 수송량이 급감했으며, 소비가 위축되면서 이산화탄소의 배출이 줄어들었습니다. 바꿔 말해서 경제가 타격을 입자, 기후변화의 속도가 느려졌습니다. 반대로 경제가 성장하면 기후변화는 빨라지겠죠.

더 간단히 말하자면, 오늘날과 같은 형태의 경제성장은 곧 기후변화를 불러옵니다. 그리고 가팔라진 경제성장은 환경 파괴를 앞당깁니다. 이것이 바로 우리 문명이 안고 있는 치명적인 허점입니다.

믿기 어려운가요?

그렇다면 마우나로아 관측소의 이산화탄소 측정 그래프와 지난 60년 동안 전 세계의 경제성장 그래프를 비교해봅시다. 우선 눈에 띄는 점은 두 그래프 모두 계속해서 상승한다는 사실입니다. 이산화탄소 감축 목표를 달성한다 치더라도 전체 그림을 바꿀 정도는 아닙니다. 두 그래프는 거의 일치합니다. 물리학자 헨리크 노르트보르크Henrik Nordborg도 〈유령이 세상을 떠돌아다닌다: 사실의 유령〉이라는 제목의 에세이에서 이 사실을 확인해주고 있습니다.[12]

인정하고 싶지는 않겠지만 움직일 수 없는 현실입니다. 그리고 경제와 기후변화 사이의 이런 연관 관계를 해결하고자 지금까지 이뤄진 모든 시도는 만족할 만한 성과를 전혀 거두지 못했습니다. 교토나 파리의 기후 협약도, 재생에너지의 개발도 대기권의 이산화탄소 비중이 늘어나는 것을 막지 못했습니다.

자원의 고갈, 산림의 벌채, 생물종의 다양성 상실, 플라스틱 쓰레기 문제는 어떤가요? 이들 문제 역시 경제성장과 더불어 그 심각성은 계속 높아지기만 합니다. 그 가파른 상승세가 마치 하키스틱처럼 하늘을 뚫을 기세입니다.

전망은 암울합니다. 그러나 놀라운 일은 아니지요. 인류가 경제적 풍요라는 환상을 고집하는 한, 더 많이 생산되고 마음껏 소비할 수 있어야 한다고 고집하는 한, 이런 경제성장은 다른 한쪽을 계속 무너뜨리고 파괴해 결국 붕괴를 초래하고 말 것입니다.

이런 환경 파괴의 원인 가운데 하나는 빠르게 늘어나는 세계 인구일까요? 물론 인구 증가도 중요한 원인 가운데 하나이기는 합니다. 하지만 독일의 인구는 지난 몇십 년 동안 눈에 띄게 늘어나지는 않았습니다. 심지어 한동안 감소 추세가 나타나기도 했지요. 독일에서 이산화탄소 배출을 줄이는 데 결정적으로 기여를 한 것은 무엇보다도 구동독 산업 시스템의 해체였습니다. 또 많은 기술적 개선과 재활용 시스템의 발달로 에너지와 자원 소비가 전체 경제 규모와 비교해 확연히 줄어들기는 했습니다. 냉장고, 자동차, 보일러 등이 예전만큼 많은 에너지를 소비하지 않는 것도 사실입니다. 그러나 1990년부터 지금까지 전력 소비는 10%가 넘게 증가했습니다. 종합적으로 볼 때 에너지 소비는 고작 3% 낮아졌습니다.[13]

그런 점에서 1972년 발표된 보고서 〈성장의 한계〉가 담은 진단은 여전히 정확합니다. 경제성장은 우리가 지구로부터 얻어낼 수 있는 자원의 양이 한정되어 있는 만큼, 제한될 수밖에 없습니다. 그럼에도 우리는 여전히 경제력, 곧 경제성장을 자원의 한계를 고려하지 않고 측정합니다.

GDP는 어떤 하나의 국가가 1년에 생산했거나 제공한 모든 상품과 서비스의 전체 가치만 계산합니다. 250년 전 영국에서 GDP라는 개념이 처음 만들어졌을 때만 해도 토양과 가축과 자원까지 세세히 구분해 계산했습니다. 이 개념은 2차 세계대전에 접어들어 정치적으로 이용되기 시작했습니다. 특히 미국은 경제 규모가 전쟁에 필요한 무장을 얼마나 빨리 이뤄낼 수 있을지 되도록 정확히 알고 싶어 했습니다. 이후 GDP는 성장과 부를 측정하는 지표가 되었습니다. 하나의 생각이 숫자가 되었으며, 이 숫자로 결정이 내려져 정책 방향을 잡아 나갔습니다. 이 숫자 뒤에 얼마나 많은 가치 손실과 환경 파괴의 폐해가 숨어 있는지 그 전모는 끝내 숨겨졌지요.

그런 예로 어떤 것이 있을까요?

해변을 기름으로 덮어버린 유조선 사고는 GDP를 올라가게 만듭니다. 기업들이 앞다투어 달려와 기름을 걷어내는 일을 자사의 홍보 방편으로 쓰면서 일종의 서비스 부가가치가 발생한 것으로 계상하기 때문입니다. 바다의 기름띠가 생태계에 미치는 해악은 GDP에 계상하지 않습니다. 자연은 지금껏 우리가 보았듯 그냥 거기 있는 것으로 취급되는 통에 그 어떤 경제 결산에도 항목으로 잡히지 않기 때문이지요. 또 아이를 출산한 경우 아버지나 어머니가 육아휴직으로 출근을 하지 않으면 GDP는 떨어집니다. 새로운 생명과 함께 시작하는 단란한 가족의 행복을 경제는 계산조차 하지 못하기 때문입니다.[14]

우리가 GDP라는 지표로 나타내고자 하는 것을 아마도 가장 인상 깊게 꼬집은 사람은 존 F. 케네디John F. Kennedy의 동생 로버트 케네디Robert Kennedy일 것입니다. 1968년 그는 이렇게 말했습니다.

"GDP는 인생을 인생답게 만드는 모든 것을 놓친다."

그럼에도 대부분의 경제학 교과서는 GDP를 금과옥조처럼 떠받듭니다. 물론 이런 관점은 호모 이코노미쿠스와 밀접한 관련을 가집니다. 이기적일 뿐만 아니라 배부른 줄 모르는 호모 이코노미쿠스는 왕성한 소비나 일을 덜 하는 것으로 개인적 만족을 채우려 듭니다.

다시금 상기해봅시다. 풍부한 자원과 소수의 사람만 있는 텅 빈 세상에서는 생산을 늘릴수록 부를 쌓을 수 있다는 논리가 긍정적으로 들립니다. 바로 이런 논리 위에 우리가 세운 경제 시스템은 성장하기 위해 생산하며, 이로 얻은 이득을 다시 투자해 혁신을 이루고, 더욱더 많은 생산에 골몰합니다. 물론 생산량 증가는 소비자에게 이득을 줍니다. 경제의 이런 발전 공식은 대다수 인간이 부유하지 않거나 아예 빈곤에 시달려야만 했던 '옛 현실', 저는 오늘날과 대비하기 위해 이런 표현을 쓰고 싶은데, 아무튼 '옛 현실'에서는 꽤 설득력을 가졌습니다. 오늘날에도 이런 공식은 양질의 식량, 안전한 주거, 의복, 의료와 에너지 공급이 부족한 나라에서는 설득력을 발휘합니다.

하지만 '이스털린 역설'이 다시 떠오르지 않습니까? 빠르고 높은 성장이 행복을 선물한다는 공식은 어느 순간부터 더는 통하지 않습니다. 어느 시점부터는 물질과 소유가 행복을 보장해주지 못합니다. 오히려 배가 부르고 나면 물질적 풍요로 배고프던 시절의 돈과 물질이 가졌던 가치를 잃어버리고 맙니다.

그러나 정확히 성장에만 초점을 맞춘 경제 시스템은 이런 이치를 조금도 개의치 않지요. 성장이 그만하면 '충분한지 아닌지' 하는 물음조차 관심 밖입니다. 오늘날 우리는 이미 인간이 먹고사는 데 필요한 재화와 서비스를 충분히 생산하고 있습니다. 다시 말해서 지금은 인간의 기본적인 욕구를 해결하는 것이 경제활동의 목표가 아닙니다. 우리의 경제 시스템은 오로지 돈을 목표로 할 뿐입니다. 말하자면 먹고살기 위한 경제가 돈벌이를 위한 경제로 수단과 목적이 뒤바뀐 셈입니다. 그리고 흥미롭게도 우리는 평소에는 의식하지 못할지라도 이 경제 시스템에서 계속 성장하기 위해 누가 무슨 일을 해야 하는지 정확히 압니다. 그리고 저마다 상대가 성장을 위한 자신의 몫을 다해주기를 기대합니다. 이 기대가 어긋날 때 갈등과 충돌이 빚어집니다.

그렇지 않은가요?

좀 더 구체적인 예를 들어볼까요? 만약 애플Apple이 주기적으로 새로운 버전의 '아이폰iPhone'을 출시하지 않는다면 주식시장은 어떻게 반응할까요? 새로운 버전이 옛 버전보다 훨씬 더 쓸모가 있는지는 중요한 문제가 아닙니다.

애플의 주기적인 새 기기 출시에 관련 세금 규정을 바꿔 더 높은 세금을 부과하겠다고 하면, 애플은 뭐라고 할까요? 분명 투자자들은 세금 때문에 휴대전화가 덜 팔린다고 난리를 칠 것입니다. 애플의 직원들도 세금 때문에 일자리를 잃는 것은 아닌지 전전긍긍하겠죠. 그러면 다시 투자자들이 아우성을 칩니다. 인건비로 생산 단가가 오르고 세금이 높아지면 새 휴대전화를 구입할 고객의 구매력이 줄어든다면서요.

기업은 끊임없이 새로운 것을 생산해야만 하고, 소비자는 새로운 것을 소비해야만 합니다. 엔지니어는 계속해서 새것을 만들어내고, 기업은 막대한 광고비를 들여 새것을 팝니다. 그래야 은행이 대출을 해주고, 정부는 이른바 '우대 조건'을 만들어주기 때문입니다. 이런 새것 타령의 진실은 간단합니다.

"성장을 위협할 수 있는 것은 무엇이든 하지 마라!"

성장의 엔진이 돌아가야 돈이 생깁니다. 겉보기로는 오로지 성장만이 일자리와 투자와 세금을 확보해주는 것처럼 보입니다. 이 시스템 안에서는 누구나 성장을 거들 자신의 몫을 소화해야만 합니다. 그리고 '다른 사람도 다 이렇게 하잖아?' 하면서 누구도 왜 그래야만 하는 건지 의문을 제기하지 않습니다.

그런 이유로 저는 주식시장의 현황을 알리는 방송 바로 뒤에 기후 문제를 다룬 프로그램을 방영해야 한다고 생각합니다. 오로지 성장만 추구하는 경제는 주가가 위로 올라가기만 하면 만사형통인 것으로 여깁니다. 심지어 주식을 가지지 않은 사람도 이런 환상에 사로잡히죠. 그러나 정확히 말해서 주가의 동향은 우리 인간이 정말 잘 살아가고 있는지, 미래는 어떻게 되는지 아무것도 알려주지 않습니다.

앞에서 언급한 영국의 세 경제학 아버지들이 살았던 '옛 현실'에서는 누구도 이 모든 새로운 것들이 무엇으로 만들어지는지 묻지 않았습니다. '옛 현실'은 자원과 환경 문제를 고민하지 않았습니다. 세상은, 경제는 오로지 앞으로만 나아가는, 물론 부침을 겪으며 우여곡절을 거칠지라도 꾸준히 앞으로만 나아가는 게임처럼 보였습니다.

그러나 앞만 보고 나아가는 우리에게 미래는 없습니다.

우리 인간과 자연의 관계를 다룬 장(자연과 생명)에서 이미 살펴보았듯, 인간은 그동안 경제활동을 순환이 아니라 전 세계적인 규모를 자랑하는 거대한 컨베이어벨트로 꾸몄습니다. 이 컨베이어벨트는 원자재와 에너지를 이용해 상품을 만들어낸 다음, 한편으로는 돈을, 다른 한편으로는 쓰레기를 끊임없이 배출해냅니다.

'옛 현실'은 이런 형태의 경제활동이 "최대 다수의 최대 행복"을 가져다줄 것으로 전망했습니다. 이를테면 18세기 또 다른 영국의 사상가 제러미 벤담Jeremy Bentham은 이 전망을 공리주의라는 사상에 담아냈지요. 공리주의 철학은 수단의 선택을 성과로 평가하는 윤리적 시각을 제공합니다. 많은 사람들에게 행복을 가져다주는 한, 경제는 문제될 게 전혀 없다고 본 것입니다. 벤담은 자신의 책《도덕과 입법의 원리 서설An Introduction to the Principles of Morals and Legislation》(1789)에서 행복의 정의를 긍정적 감정이 최대한 많은 반면 부정적 감정은 적은 것이라고 했습니다. 그가 살았던 시대의 경제학자들은 행복, 곧 공리성을 측정 가능한 것으로 보았습니다. 어떤 상품이나 재화의 유용성, 곧 측정 가치는 돈으로 정해집니다. 상품이나 금전 수입은 사람들에게 유용성을 제공하기 때문입니다. 어떻게 해야 최대 다수의 사람들이 그 유용성을 나누어 가질지 애덤 스미스는《국부론》의 1장에서 이미 설명했습니다.

"분업으로 인해 모든 다양한 생산 부문에서 이뤄지는 엄청난 생산 증가는 잘 통치되는 사회에서 최하층 국민에 이르기까지

부의 분배가 골고루 일어나게 한다."15

간단하게 정리하면 이런 뜻입니다.

"가난한 사람들이 파이 한 조각이라도 얻으려면 파이는 갈수록 더 커져야 한다."

'잘 통치되는 사회'라는 애덤 스미스의 표현은 본래 왕조 국가를 반대하는 의미입니다. 애덤 스미스는 왕이 경제활동은 하지 않으면서 부당하게 특권을 누린다고 보았기 때문입니다. 그러나 더는 왕이 다스리지 않는 민주주의 국가에서도 생산량의 증가가 부의 효과적인 분배를 가져다준다는 핵심 사상은 인기를 끌었습니다. 애덤 스미스는 민주주의 국가의 과제를 실권자의 권력을 제한하는 것으로 보았습니다. 그래서 오늘날에도 여전히 시장은 가치 창출의 중요한 제도로 여겨지는 것입니다.

정부와 시장 사이의 정확한 과제 분담을 둘러싼 논쟁은 늘 격렬합니다. 최근에는 국채를 신규 발행하지 않는 '블랙 제로 Black Zero' 재정 정책 문제로 논쟁이 더욱 뜨거워지고 있습니다. 이 밖에도 정부의 투자 활동과 균형 재정 고수, 중앙은행의 화폐 발행 역시 논쟁의 대상이 되고 있습니다.

1970년대부터는 민간경제의 주역에게 되도록 많은 자율성을 부여한 경제학자들의 이론들이 강한 영향력을 발휘했습니다. 이 경제학자들은 정부가 시장에 간섭해서는 안 된다고 강조했습니다. 자율적인 시장이야말로 자원을 매우 효율적으로 배분하고, 수요와 공급의 균형을 가장 잘 이뤄낼 수 있다고 이들은 목청을 높였습니다. 그래야만 성장이 가속화해서 부의 분배가 자연스럽게 일어난다는 논리입니다. 더 나아가 이 논리를 토대로 부자에게 높은 세금을 매겨서는 곤란하다고도 했습니다. 부자의 투자가 이뤄져야 새로운 일자리가 생기며, 임금이 지불될 수 있다고 본 것입니다. 다시 말하면 부자들이 올리는 높은 수익이 사회의 하층부까지 고루 혜택을 주는 '낙수 효과'를 불러일으키는데, 정부의 지나친 규제가 있을 경우 애덤 스미스가 말한 낙수 효과가 일어나지 못하게 시장을 억압한다고 본 것입니다.

'낙수 효과'는 미국의 대통령 존 F. 케네디와 로널드 레이건Ronald Reagan은 물론이고 영국의 수상 마거릿 대처Margaret Thatcher도 즐겨 쓰던 말입니다. 이 말은 1980년대부터 대다수의 국가에서 부유세와 상속세를 낮추며, 국가의 공익사업을 민영화하고, 금융시장의 탈규제화를 위한 구실로 쓰였습니다. 금융시장의 탈규제화는 이른바 '파생 금융 상품'이 활개 칠 수 있게 하려는 정치적 전제 조건입니다.

"A rising tide lifts all boats." 밀물은 모든 배를 띄운다는 이 말은 신자유주의 경제정책이 즐겨 쓰던 것입니다.

50년이 채 지나지 않아 이런 계산은 맞지 않는 것으로 확인되었습니다. 물론 옥스퍼드대학교가 운영하는 국제 통계 사이트 '데이터로 본 우리의 세계Our World in Data'에 따르면 1820년 전체 인구에서 94%였던 절대 빈곤층의 비율이 오늘날 10%로 떨어지기는 했습니다. 세계의 경제 엘리트들이 연례적으로 회동을 가지는 이른바 '다보스 포럼'에서 '마이크로소프트'의 전임 회장 빌 게이츠Bill Gates와 대중 과학서를 주로 쓴 베스트셀러 저자 스티븐 핑커Steven Pinker가 내놓는 주장이 흥미롭습니다. 그들은 공리주의의 화신을 자처하며 이처럼 경제 모델이 지구상의 빈곤 문제를 효과적으로 퇴치한다면 부의 불평등과 편중을 불평할 사람은 없을 거라고 호언장담했습니다. 특히 스티븐 핑커는 지금까지 생태 위기를 심각하게 받아들이지 않으려는 자세를 고집하고 있습니다.

그러나 인류학자로서 데이터를 다루는 데 있어 법의학적인 치밀함을 자랑하는 제이슨 히켈Jason Hickel은 빈곤층 비율을 다룬 이 통계 자료를 불신의 눈으로 바라봅니다. 통계를 면밀히 살펴본 그는 글로벌 차원에서 빈곤 수준을 다룬 신뢰할 만한 데이터는 대략 1981년부터 비로소 만들어졌다는 결론에 도달했습니다. 그 밖에도 세계은행이 사용하는 빈곤 기준, 곧 '극빈층'을 정하는 기준에 논란의 여지가 많음을 분명히 밝히고 있습니다. 2011년 기준 미국에서 식생활과 주거와 의료 문제를 해결하는 데 필요한 비용의 하한선이 하루 1.90달러라고 정한 것은 정말 터무니없는 통계라고 히켈은 지적합니다. 빈곤을 측정하는 기준을 그동안 많은 학자들이 품위 있는 인생이라고 말한 수준에 맞춘다면 하루당 최소 7.40달러에서 15달러는 되어야 합니다. 극빈층이 획기적으로 줄었다는 성공 역사는 이로써 말이 되지 않는 실패의 역사로 확인될 뿐입니다. 7.40달러를 기준으로 잡을 때 2019년 기준 극빈층은 42억 명입니다. 이는 1981년보다 늘어난 규모입니다.[16]

1981년에서 2019년 사이에 전 세계 GDP는 28.4조 달러에서 82.6조 달러로 늘어났습니다. 그러나 이 가운데 오로지 5%만이 세계 인구 60%에 해당하는 하층민의 몫입니다. 그리고 1981년부터 이 빈곤층의 경계를 넘어선 생활수준을 대다수의 국민이 누리게 된 나라가 어디인지 알고 있습니까?

그곳은 바로 중국입니다.[17]

중국의 경우를 통계에서 제외하고 본다면, 시장 친화적인 경제성장 모델은 '낙수 효과'와 그다지 상관이 없습니다. 절대 빈곤에 시달리는 사람들이 1981년보다 더 많아졌을 뿐만 아니라, 늘어나는 세계 인구에서 빈곤층의 비율은 60%로 정체된 상태를 보입니다. 이른바 '선진국'에서도 1980년 이후 빈부 격차가 다시 늘어나고 있습니다. 지난 100년 동안 약간 줄어들었던 빈부 격차가 다시 커지는 추세로 돌아선 것입니다.

오늘날 부자와 기업에 부과되는 세율은 몇십 년 이래 최저

수준입니다. 억만장자의 수는 빠르게 늘어나고 있습니다. 토마 피케티Thomas Piketty 역시 세간의 주목을 받은 그의 책《21세기 자본》에서 이런 사실을 확인했지요. 이에 자극을 받아 로버트 솔로와 같은 친시장 성향의 경제학자들은 금권정치의 징조가 나타나고 있다고 이야기합니다. 유럽은 상대적으로 빈부 격차 와 부자를 위한 금권정치로의 발달이 덜 심하지만, 그래도 모 든 지표가 불평등이 심화하고 있음을 보여줍니다. 독일도 마찬 가지입니다.[18]

기대와 다르게 부자들은 세금을 덜 내서 비축한 자산을 생 산 활동에 투자하지 않았습니다. 오히려 그 돈으로 인프라나 건물과 같은 공유재산을 사들였습니다. 민영화는 국가의 민 간 순자산이 지난 50년간 국민소득의 200~300%(1970)에서 400~700%(2018)로 급증했다는 사실의 다른 표현일 뿐입니 다. 반면 정부의 공공 소득은 줄어들었지요.[19] 이런 형태의 성 장으로 독일의 경우 주정부는 부유해졌지만 중앙정부는 가난 해졌습니다. 생산을 위해 투입되던 자본은 금융자본이라는 형 태의 비생산적인 자산으로 변모했습니다. 공공재를 사용하며 내는 수수료는 월세 또는 임차료라는 형태로 올라갔지만, 이로 써 새로운 가치는 전혀 창출되지 않았습니다.

이런 식으로 곳간에 쌓인 엄청난 자본금이 즐겨 투입되는 또 다른 시장은 주식시장입니다. 알고 있겠지만 주식시장은 고용으로 돈을 버는 곳이 아닙니다. 돈이 돈을 버는 곳이 주식시장입니다. 최근 10년 동안 미국의 500여 개 대기업은 자사의 주식 가치를 지키느라 5조 달러를 지출했습니다. 그 가운데 450여 기업은 한 해에 올린 수익의 절반 이상을 이런 식으로 썼습니다. 특히 트럼프 정부의 감세 정책은 이런 추세에 더욱 힘을 실어주었지요. 2018년에만 기업들이 주식시장에 쏟아부은 돈은 1조 달러에 이릅니다.[20]

주가를 방어하는 일은 주가조작과 다르지 않습니다. 시장에서 거래되는 주식의 수가 줄어들면 주가는 올라갑니다. 기업이 벌이는 사업에 아무런 중요한 변화가 없음에도 이런 식으로 조작된 주가는 기업의 성공이라고 치장됩니다. 기업 경영자의 연봉은 당연히 이런 주가 실적으로 올라가지요.

우리의 '새로운 현실'에서 하키스틱처럼 가파른 상승세를 보여주는 두 가지는 주가와 임원 연봉뿐입니다. 이런 어처구니없는 실상은 '새로운 현실'의 작은 단면에 지나지 않습니다.

반대로 빈민층은 금융 위기 이전에 싼 이자로 뿌려지다시피 한 대출금으로 집을 구입했습니다. 결국 부동산 거품이 꺼지면서 이 대출금은 빈민층에게 독이 되었지요. 정부는 대출금을 회수하지 못해 도산한다며 엄살을 떠는 금융기관을 구제하기 위해 공적 자금, 곧 세금을 투여했습니다. 이런 위험한 게임으로 몇몇 극소수의 부자는 막대한 돈을 벌었습니다. 그 수익은 계속해서 공익사업을 민영화하는 자본으로 투자되었고, 손실은 고스란히 일반 국민이 떠안아야만 했습니다.

금융 위기에서 보듯, 큰 파도는 배를 잘 띄우지만 작은 쪽배는 집어삼킵니다. 금융 위기를 중앙은행이 찍어낸 돈으로 막아내면서 최상위 1% 부유층의 재산과 수입은 거의 수직으로 급상승했습니다.

모든 사람을 위한 경제성장은 결국 말이 되지 않는 이야기입니다. 생태적으로도, 사회적으로도 애당초 성립할 수 없는 이야기입니다. 숫자로 요란스럽게 꾸며진 성장 신화 뒤에서는 지구라는 우리의 별을 체계적으로 파괴하는 작태가 벌어질 뿐입니다. 부자와 빈민의 관계는 고스란히 봉건시대로 되돌아갔습니다. 이 극심한 불균형에도 우리 사회가 무너지지 않으려면 계속 성장해야만 한다고 자본가들은 강변하고 있지 않습니까?

자본주의 시스템은 모든 미사여구를 동원해가며 치장하기 바쁘지만 그 본래 목적은 아주 단순합니다. 매출과 수익과 소유의 끝없는 성장, 어떤 대가와 희생을 치르고서라도 자본을 불리는 것만이 목적입니다.

돈은 이미 극소수의 몇몇 곳간에만 어마어마하게 넘쳐납니다. 저는 2019년 여름에 겪은 일을 결코 잊을 수가 없습니다. 당시 뉴욕의 유엔 본부에서는 매년 아이들의 기본 교육에 필요한 예산이 390억 유로가 부족해 그 재원 마련 방안을 놓고 열띤 토론이 이어졌습니다. 그런데 유엔 건물에서 250미터 떨어진 곳에 있는 금융사 'JP모건'은 불과 몇 달 만에 주주들에게 400억 유로의 배당금을 지급하기로 결정했습니다. 주식으로 벌어들인 그 막대한 수익금을 어디에 써야 좋을지 몰라 배당을 선택한 것입니다.[21]

많은 가난한 사람들을 보다 더 행복하게 만들어주기 위한 돈이 충분해질 때까지 경제가 계속 성장해야만 하는 것은 아닙니다. 화폐의 증가를 가치 창출과 보다 명확하게 연결시켜야 합니다. 하는 일도 없이 돈만 굴려 돈을 버는 불공정 행위를 줄이기 위해 정치와 경제를 바꾸겠다는 의지가 필요합니다. 정치와 경제를 바꾸는 의지가 뭐냐고요? 무얼 염두에 둔 말이냐고요? 성장과 관련해 우리가 제기해야 하는 질문은 세 가지입니다.

'재화와 서비스는 어떻게 생겨날까?'

'재화와 서비스는 어떻게 고객을 찾을까?'

'이 과정에서 발생하는 수익은 어떻게 처리될까?'

한 가지만큼은 분명합니다. 이 과정에는 정말 많은 사람들이 참여하며, 저마다 자신이 기여한 부분에 대해서는 대가를 얻기 원합니다. 그러나 만약 이 사람들이 저마다 자신의 이득만 추구한다면, 오로지 돈으로만 모든 걸 평가한다면 무슨 일이 일어날까요?

이 질문의 답을 경제학자 마리아나 마추카토Mariana Mazzucato°
는 자신의 책《가치의 모든 것The Value of Everything》에서 추적하
고 있습니다. 마추카토 역시 경제사상의 역사를 찬찬히 훑으면
서 여러 사상가들이 가치와 부의 형성을 어떻게 설명했는지 복
기해냈습니다.

19세기까지, 곧 애덤 스미스와 데이비드 리카도가 활동하던
시기까지만 하더라도 가치를 계산하는 일종의 객관적 지표가
있었습니다. 이를테면 가치 생산에 투입된 토지와 물질의 양,
필요로 하는 도구와 기술 수단, 또는 투자한 시간과 노동의 품
질 등이 그런 객관적 지표입니다. 가치는 이런 자원들을 결합
한 생산 활동의 결과물입니다. 비록 어떤 물건이나 서비스에
요구된 가격을 치르는 사람이 없다 할지라도, 그 물건이나 서
비스의 가치가 사라지는 것은 아닙니다. 왜냐하면 가격은 교환
거래를 전제로 형성되는 것이고, 이 교환거래는 쌍방의 이해관
계, 권력관계, 그리고 정치적 조건이 서로 맞물려 이루어지기
때문입니다. 따라서 물건과 서비스의 가치는 가격으로 거래할
수 없다고 해서 사라지는 게 아닙니다. 우리가 인생을 살아가

° 1968년생의 여성 경제학자로, 영국 유니버시티 칼리지 런던의 교수이며 영국
  사회과학원과 이탈리아 국립과학원의 회원이다. 《The Balue of Everything》은
  2018년에 출간된 책인데, 국내에는 원제와 다르게 《가치의 모든 것》이라는 제
  목으로 번역되었다.(옮긴이주)

는 데 있어 꼭 필요한 물건과 서비스의 가치가 반드시 가격만으로 평가될 수는 없습니다. 애덤 스미스는 이런 이치를 물과 다이아몬드의 예를 들어 설명했습니다.°

이러한 생산적 활동 외에 비생산적인 활동도 있습니다. 비생산적인 활동은 기존의 재화나 서비스 사이를 이리저리 옮겨 다닙니다. 그 좋은 예가 돈의 거래나 분배입니다. 비생산적인 활동은 중간 마진이나 수수료를 받지만, 생산적 가치를 내는 것은 분명 아닙니다. 이에 애덤 스미스는 자본가가 돈을 불리기 위해 아무리 힘들게 일한다 할지라도 비생산적 활동이므로 그에 주어지는 보상은 적어야만 한다고 보았습니다.[22]

공리주의와 경제의 수치화는 가치와 가격의 구분을 외면합니다. 이윤의 극대화에 골몰하는 호모 이코노미쿠스는 오로지 어떻게 해야 잉여 가치로 많은 돈을 벌 수 있을지에만 관심을 가집니다. 다시 말해서 사물의 가치는 시장의 가격이 결정할 뿐입니다. 이렇게 정해지는 가격은 물건의 내용이나 품질과 전혀 관련이 없습니다. 호모 이코노미쿠스에게는 가격이 곧 가치입니다. 주관적인 선호도(고객의 선호도)가 객관적인 자원을

° '가치 역설Paradox of Value' 또는 '스미스의 역설Smith's paradox'은 가격과 가치 사이에 빚어지는 괴리를 이르는 표현이다. 애덤 스미스는 다이아몬드가 희소성 때문에 비싸지만 인생을 살아가는 데 꼭 필요한 것은 아닌 반면, 물은 흔해서 싸지만 생명에 기여하는 가치는 대단히 높다는 점을 들어 이런 대비를 역설이라고 설명했다.(옮긴이주)

구축하고, 교환가치는 이용 가치에서 떨어져 나와 완전히 따로 놀게 됩니다.

이런 식으로 순전히 말뿐인 약속만으로도 가치 창출이 가능해졌습니다. 그리고 이로써 힘들이지 않고 돈을 벌 수 있는 비법, 그동안 찾아내지 못했던 수많은 꼼수가 등장했습니다. 자본 또는 상품을 이리저리 옮겨놓는 과정에서 터무니없는 수수료를 요구하는 시장이 활짝 열렸습니다. 이제 공리주의로 인해 무슨 일이 일어났는지 짐작이 가나요? 최대 다수의 최대 행복을 목표로 하는 사회에서 가치 창출은 대단히 비싼 비용을 요구하는 일이 되었습니다.

이게 무슨 말인지 마추카토는 제약 산업을 예로 들어 분명히 풀어주고 있습니다. 암 치료제에 환자가 기꺼이 1만 5천 유로를 지불할 각오가 되어 있다는 이유로 이 약은 '가치 있는 신약'으로 둔갑합니다. 그리고 버젓이 의료보험에 약의 수가를 요구하는 것이 적법해집니다. 이 '신약'이 이미 시장에 나와 있던 것을 약간 바꾸었다는 사실은 전혀 문제가 되지 않습니다. 암을 이겨내고 살아남을 수만 있다면 인간은 얼마든 아낌없이 돈을 지불할 거라는 심리를 이런 꼼수가 노리는 것도 전혀 문제가 되지 않습니다. 이렇게 터무니없는 고가의 약이 등장할 수 있는 것은 부가가치를 만들어내는 데 혈안이 된 권력 덕입니다.

관심이 있는 독자분은 한번 제약사들이 합병한 이후 약품 가격이 급등한 사례를 찾아보기 바랍니다. 합병이 이뤄지고 난 후 제약사의 새로운 소유주가 예전 회사의 약품 가격을 어떻게 올려놓았는지 보면 정말 기가 찰 노릇입니다.

그러나 기업의 성장 지표와 GDP는 '가치'가 새롭게 창출된 것인지 아닌지 전혀 구분하지 않습니다. 오히려 높은 실적만이 성공과 발달의 확실한 증거일 따름입니다. 이렇게 해서 교환가치 경제의 세계관에 사로잡힌 사람들조차 어리둥절한 일이 속출합니다.

주관적 가치 이론을 떠받드는 부자는 자신이 열심히 일해서 성공했다고 자부할 뿐만 아니라, 사회적으로 높은 부가가치를 창출했다고 주장하기도 합니다. 그러나 주관적 가치 이론은 일종의 순환 논리입니다. 이 이론은 무엇인가 가치 있는 것을 생산했기 때문에 수익이 났다고 주장합니다. 그런데 그 가치가 정확히 무엇이냐고 물으면 수익이라는 답이 돌아오죠. 이 같은 가치 이론은 닫힌 원을 그리는 순환 논리에 지나지 않습니다. 이 순환 논리는 공정한 분배나 사회적으로 바람직하고 친환경적인 가치 창조 등의 문제는 아예 무시합니다.

경제 월간지인 《경영인 매거진Manager Magazin》에서 언급한 것처럼, 마추카토가 "자본가들은 우쭐댈 자격이 없다."라고 폭로함으로써 유명해졌다는 것은 저에게 놀라울 게 없는 이야기입니다.[23] 'JP모건'을 예로 들어볼까요? JP모건이 컴퓨터 프로그램의 알고리즘을 이용해 엄청나게 빠른 속도로 벌어들인 400억 유로는 말 그대로 투기에 지나지 않습니다. 이런 투기 규모는 아마도 전체 국민경제를 휘청거리게 만들 수도 있을 것입니다. 그럼에도 자본가들은 이 투기 수익을 가치 창조라 말하고 생산적으로 벌어들였다고 주장합니다. 채권 증서나 주식·펀드를 두고 금융 상품, 곧 생산품이라고 부르는 것은 놀라운 일도 아닙니다.

GDP에 금융 분야를 합산하기 시작한 것은 1970년대부터입니다. 이때는 금융 분야가 되도록 통제를 받지 않으려고 규제 완화 또는 탈규제를 한창 부르짖을 때입니다. 이때부터 금융 업계는 그야말로 눈부시게 성장했습니다. 실물 경제를 위한 비생산적 자원의 이동은 시간이 가면서 고도의 수익성을 자랑하는 모델이 되었지요. 이 모델이 어떻게 기능하는지 다시 똑똑히 보아야만 합니다. 고객에게 수익률을 높여준다는 솔깃한 사탕발림으로 자본가들은 실물 경제의 생산 과정과 기술과 유통망을 이리저리 조합해가며 겉모양만 새롭게 꾸며댑니다.

저는 가격과 가치의 관계를 보다 더 투명하고 이해하기 쉽게 다듬는 일이 시급하다고 생각합니다.

이런 점에서 우리는 마추카토의 메시지를 놓고 더욱 활발한 논의를 벌여야만 합니다. 그녀의 메시지는 단순하고 명확합니다. 비생산적인 회계 놀음으로 가치를 망가뜨리는 일을 막고

객관적 가치에 따라 회계를 깔끔하고 투명하게 관리하는 것이 훨씬 더 지속적인 경제를 만들어줍니다.

그저 돈에만 눈먼 성장 모델이 전 세계적인 위기를 불러옵니다. 우리는 무엇이 발전이며, 바람직한 경제란 어떤 것인지 세심하게 토론하면서 대안을 찾아야만 합니다. 그러자면 먼저 그동안 당연하게만 여겨오던 개념과 생각을 다르게 보는 법부터 익혀야만 합니다. 그리고 어떤 변화가 가능하며 바람직한지 서로 지혜를 모으는 자세가 필요합니다.

상품이 아니라 과정을,

컨베이어벨트가 아니라 순환을,

소모 부품이 아니라 시스템을,

자원 착취가 아니라 자원 재생을,

경쟁이 아니라 협동을,

중심을 잃고 흔들리는 대신 균형을,

돈이 아니라 가치를.

이루고자 하는 목표와 이를 위해 주의해야 할 점을 우리는 개념, 곧 언어로 표현합니다. 어떤 구상이나 이론을 다듬는다는 것은 곧 언어가 가진 한계가 무엇인지 밝히는 일입니다. 지금껏 우리의 생각을 가로막던 이런 한계를 알아낼 때 이를 넘어설 길도 열립니다. 그래야 미래를 꾸려갈 가능성의 공간이 열리기도 합니다.

미래는 어느 날 문득 찾아오는 게 아니라, 우리가 매일 조금씩 만들어나가는 결과물입니다. 기술 혁신은 물론이고 우리의 행동, 결정, 더불어 삶의 바람직한 규칙이 어우러져 미래가 만들어집니다. 중요한 것은 우리가 어떤 목적을 추구하느냐 하는 것입니다.

유한한 자원을 가진 한정된 세계에서 끊임없이 성장만 추구하는 경제는 지속될 수 없습니다. 무엇이 미래에 인간의 안녕을 보장해줄지 우리는 새롭게 생각해야만 합니다. 이를 위해서는 바람직한 미래에 필요한 새로운 개념과 구상이 있어야 합니다. 지구라는 이 별의 파괴가 계속된다면 더는 성장일 수 없습니다. 오로지 돈만 늘리는 것이 가치 창조는 분명 아닙니다. 성장의 한계란, 생태계와 사회에 해악을 끼치는 비생산적 행동을 극복하고 넘어서야 한다는 이정표와 같습니다.

기술의 진보:
자연을 착취하지 않고
지속가능한 세상을 만들 수 있을까

산업혁명과 과학혁명이 결합해 일으킨 효과는 이중으로 파괴적이다. 둘 다 사회구조와 인간이 세계를 이해하는 방식을 바꾸어놓았다.

— 제러미 렌트 Jeremy Lent, 저술가

전기로 세상을 바꾸는 일은 백열등과 함께 시작되었습니다. 전등은 오랫동안 사치 품목으로 호텔이나 사무실 혹은 극장에서만 볼 수 있었으며, 19세기 말쯤에 부자들의 집을 장식했습니다. 백열등은 일반 가정을 전력 공급망에 결합시킨 최초의 전기 제품입니다. 물론 초기 백열등은 대부분의 전력을 열로 바꾸는 탓에 빛이 그리 밝지 않은 초라한 제품이었습니다. 그렇지만 가스등이나 심지어 양초와 비교하면 백열등은 인공 조명의 위대한 발전이었고, 햇빛에 의존할 수밖에 없던 생활을 획기적으로 바꿔놓았습니다.

그로부터 몇십 년 뒤 기술자들은 백열등의 심지 역할을 하던 탄소 필라멘트를 텅스텐으로 대체했습니다. 텅스텐은 탄소 필라멘트에 비해 높은 온도까지 올릴 수 있어 효율이 비약적이었을 뿐만 아니라 더욱 밝은 빛을 내고 수명도 길었습니다. 또 한 번의 획기적 발전이 이루어진 것이죠.

이 혁신은 효율성의 개선입니다. 텅스텐 전구는 탄소 필라멘트가 소비하던 전력의 4분의 1만 가져도 같은 밝기의 빛을 발합니다. 그러나 당시 전력 생산 업체에 이는 충격적인 소식이었을 것입니다.

20세기 초 영국에서 새 전구가 시장에 등장했을 때, 전력 생산 업자들은 사업이 망하는 게 아닌지 걱정을 감추지 못했습니다. 이런 염려는 충분한 근거가 있는 것처럼 들리기도 했습니다. 더 적은 전기로 같은 밝기의 빛을 얻는다면 전력 소비가 줄어들 것이기 때문입니다. 그래서 몇몇 업자는 손실을 만회하기 위해 전기 요금을 인상하려 들었습니다.

그런데 흥미롭게도 정반대의 상황이 빚어졌습니다. 줄어든 전력 소비로 시장에 전력이 남아돌면서 가격은 떨어지고, 그때까지 전깃불을 누리지 못하던 사람들도 얼마든지 집에 전구를 설치할 수 있게 되었습니다. 사치품으로 취급되던 백열등이 누구나 쓰는 대중 상품으로 변모했습니다. 물론 이 역시 획기적인 발전입니다. 그러나 역설적이게도 이 발전은 예전 것에 비해 에너지를 덜 소비하는 전구로 전체 전력 수요가 급등하는 결과를 낳았습니다. 적은 에너지로 더 높은 효용을 이끌어내는 효율성 제고가, 다시금 강조하지만, 에너지 소비를 폭발적으로 늘린 것입니다.

생태학에서는 이런 현상을 '리바운드 효과rebound effect'[○]라 부릅니다. 리바운드 효과는 지속가능한 경제로 가는 길에 절대 무시할 수 없는 장애물 중 하나입니다.

오늘날 사람들에게 발전을 무엇이라고 생각하는지 물어보면, 대개 돌아오는 답은 '기술의 발달'입니다. 이런 답이 놀라운 것은 아닙니다. 과거에 사람들이 갈등을 빚고 결투를 벌이다가 저지르는 상해나 살인은 선택할 수 있는 방법 가운데 하나로 여겨지던 때가 있었습니다. 하지만 오늘날은 다릅니다. 그런 상해나 살인은 어디까지나 법으로 처벌되는 중범죄입니다. 과거에 사회의 통념과 어긋나는 행동을 했다고 해서 여성을 마녀로 몰아 화형시키던 때가 있었다면, 오늘날 여성은 투표를 하며 공직에 후보로 나서기도 합니다. 적어도 공식적으로 여성은 남성과 동등한 자격을 가진다고 인정받습니다. 예전에는 신성 모독으로 여겨졌던 과학도 이제는 인식의 방법으로 인정받아, 정책 결정의 근거로도 활용됩니다.

이런 모든 것이 사회적 발전에 해당하지만, 사람들은 이 같

[○] 부메랑 효과라고도 한다. 효율성이 높아져 에너지 소비가 늘어나는 현상을 이르는 표현이다. 심리학에서 말하는 '반동 효과', 곧 생각하지 말라는 것을 더욱 생각하게 되는 효과를 생태 에너지에 적용한 것이다.(옮긴이주)

은 사례를 발전으로 쉽게 받아들이려고 하지 않습니다. 어떤 것을 사회적 발전으로 볼지 견해 차이가 심하기 때문입니다.

특히 어떤 것이 좋은 발전이고, 무엇은 아닌지 하는 물음은 늘 격론을 낳습니다. 독재 시대에 그 권력에 부응하며 살았던 사람은 그 시대를 비판하는 말을 못마땅하게 여깁니다. 자신의 정체성이 공격받는다고 느끼기 때문입니다. 또는 그동안 쌓아 온 사회적 지위가 위협받는다고 여기죠. 이처럼 사회의 공동선 으로 발전 목표를 상정하기는 매우 까다로운 일입니다. 그럼에 도 바람직한 공동체를 세우기 위해 '발전'에 대한 이해를 공유 하려는 노력은 계속되고 있습니다. 유엔의 '국제인권장전' 또는 '지속가능 개발 목표'가 그 좋은 예입니다.°

반면 발전이 아니라 퇴보를 보이는 경우도 많습니다. 기후변 화가 심각한 조짐을 보임에도 지금 세계 각국들이 책임을 떠넘 기려 벌이는 논란을 보십시오.

기술 발전은 인류 역사를 성공의 역사로 치장해줍니다. 석기 시대의 돌도끼에서 스마트폰에 이르는 역사는 이보다 더 찬란 할 수 없을 정도로 화려합니다. 인류가 기술 발전이라는 길을

° 국제인권장전International Bill of Human Rights은 유엔이 인권과 관련해 결의한 세계인권선언과 국제인권규약을 통칭하는 비공식적 명칭이다. 지속가능 개발 목표Sustainable Development Goals(SDG)는 유엔이 2016년부터 2030년까지 추 구하기로 결의한 인류의 최대 공동 목표를 이른다. 빈곤 종식, 지속가능한 농 업, 기후변화 방지를 위한 노력 등 모두 17개 목표를 담았다.(옮긴이주)

걸으며 발명하고 개발해온 모든 것은 인간의 가능성을 확장시켜 올바른 길을 가고 있다는 자신감을 심어주었습니다.

'새로운 현실'이라는 제목의 장에서 다루었던 내용을 기억하나요?

'텅 빈 세상', 곧 소수의 인구로 널찍한 공간을 마음껏 활용할 수 있는 세상에서의 기술 발전은 무엇보다도 물리적 힘을 화석연료로 증폭시키는 경험이었습니다. 화석연료를 태워 얻은 힘으로 갈수록 더 빠르게, 갈수록 더 나은 물건을 만드는 것, 이것이 기술 발전입니다. 물리적 힘을 증폭하는 시스템의 핵심은 모터입니다. 모든 기계의 심장은 모터입니다. 공장을 돌리는 모터는 이내 대량생산의 모터가 되었으며, 궁극적으로 성장의 기계를 돌리는 원동력이 되었습니다.

근대의 발전 개념은 정확히 이런 기계적이고 기술적인 특징을 가지고 있습니다. 라틴어 '모데르누스modernus'를 어원으로 가지는 '근대modernity'는 옛것과의 구분을 강조하는 '새것modern'에 방점을 찍었습니다. 그리고 새로움을 향한 발전의 방향은 예나 지금이나 팽창을 지향합니다. 새로움은 곧 '더 많음'을, 더 힘세고, 더욱 크고, 보다 더 생산적이라는 의미의 '더 많음'을 뜻했습니다.

화석연료를 발판으로 삼은 경제 시스템이 인간의 생활 터전을 위협하기에 이른 '꽉 찬 세상'에서 기술 발전은 팽창 외에 하나 더 해결해야 할 과제를 얻었습니다. 바로 '집약화'입니다. '새로운 것'은 '적은 것으로 더 많이' 쥐어짜야 했습니다. 그래야 환경을 파괴하지 않고도 계속 경제성장이 확보되기 때문입니다. '집약화'가 천명하는 목표는 효율성 제고입니다. 효율성은 화폐가치뿐만 아니라, 이산화탄소 배출량 또는 제품 생산에 들어간 자원 집약도로도 측정됩니다. 그래도 집약화와 효율성은 로버트 솔로가 주장한 자본주의의 대체재보다는 진일보한 것이라고 할 수 있죠.

기후변화, 생물종 멸종, 모든 종류의 자연 체계 착취 등 글로벌 환경 문제를 해결하려면 국가의 규제나 금지 대신 기술 혁신이 필요하다고 주장하는 사람은 바로 집약화와 효율성 제고를 강조합니다. 기술 발전은 물질적 성장을 이루기 위해 그동안 자연을 착취하도록 도왔으니, 이제 GDP를 계속 키우기 위해서는 자연을 덜 착취하도록 도와야만 한다고 말합니다. 부의 신장을 포기하는 일 없이 지구를 구하는 데 앞장서야 한다고 합니다. 자연을 희생하지 않고 지속가능한 세상을 만들겠다는 것입니다.

심지어 현재의 가격 체계는 생태적 진실을 반영하지 못하고 있으니, 자원 소비를 줄이는 대신 가격을 올리면 수익성이 더 좋아지리라는 주장도 버젓이 등장합니다. 자원 소비를 최소화하는 대신 고객 만족도를 높이려는 이른바 '디커플링Decoupling'에 많은 이들이 한동안 열광한 이유는 간단합니다. 새로운 자원을 소비하지 않고 기존 자원을 활용해 고객의 욕구에 맞추는 '디커플링'은 성장 위주 방식을 고집하면서 마치 자원이 진짜 덜 소비되는 것처럼 사람들이 알아보지 못하게 위장할 수 있기 때문입니다.

지금까지 하던 대로 계속 하자.
다만 더 효율적으로.

과연 이런 전략이 지구의 자원을 지키고 성장도 계속 이어지게 할 수 있을까요?

기술 발전만으로 충분하지 않다는 점은 이미 150년 전에 영국의 경제학자 윌리엄 스탠리 제번스William Stanley Jevons가 처음으로 예측했습니다. 제번스는 19세기 초 영국에서 제임스 와트James Watt가 증기기관을 예전보다 3분의 2 적은 석탄을 사용하도록 개선했음에도 불구하고 석탄 소비가 비약적으로 증가한 사실에 주목했습니다. 이런 증가의 원인은 앞서 살펴본 백열등의 경우와 같습니다. 자원 소비를 줄여주는 새 기술이 폭발적 반응을 이끌어내 빠르게 퍼짐으로써 전체적으로 에너지 소비가 늘어난 것입니다. 이로써 절약 효과는 사라지고 에너지는 더욱 많이 소비되었습니다.

"연료의 효율적인 사용이 자원 소비를 줄여준다는 기대는 완전한 착각이다. 진실은 오히려 그 반대다."[24]

제번스의 이 확신은 나중에 '제번스의 역설'이라는 이름을 얻었으며, 더 나중에 나온 '리바운드 효과'와도 내용이 일치합니다.

당시 산업화와 숨 가쁠 정도의 경제성장으로 인해 자국산 석탄에 크게 의존했던 영국은 효율적이라고 여겼던 기계가 에너지 소비를 더 크게 늘리는 통에 골치를 앓았습니다. 효율적인 기계가 자원이 소진되는 속도를 높여서만은 아닙니다. 효율적인 기계로 물건이 대량으로 생산되어 처음에는 가격을 낮추는가 싶었지만, 이로 인해서 에너지를 잡아먹는 상품이 폭발적으로 늘어나 에너지 위기를 앞당긴 것 역시 심각한 고민거리였습니다. 에너지 소비를 줄이는 효율적인 기계의 발명으로 늦춰지기를 기대했던 에너지 위기는 이제 실감할 수 있는 현실로 다가왔습니다.

오늘날 우리가 '텅 빈 세상'이 아닌 '새로운 현실'에 살면서 겪는 에너지 위기라는 똑같은 문제를 이미 100년 전에 영국인들은 석탄이라는 형태로 맞닥뜨렸습니다.

그럼 이들은 어떤 해결책을 생각해냈을까요?

사실 해결책은 없었습니다. 당시 영국인들은 석탄 대신 다른 것에 눈을 돌렸습니다.

그게 뭐였냐고요?

바로 석유입니다.

제번스의 예측 이후 몇십 년 뒤 미국에서는 새로운 에너지 자원이 발견되었습니다. 시점은 교묘하게도 영국이 식민지에서 석탄을 본격적으로 캐내기 직전입니다. 석유의 발견으로 이제 에너지를 무한정 쓸 수 있을 것만 같은 시대가 막을 올렸습니다. 이로써 '리바운드 효과'는 또다시 사람들의 뇌리에서 깨끗이 잊히고 말았지요.

석유는 무한한 경제성장이라는 꿈에 그야말로 기름을 부었습니다. 그리고 이런 무한한 경제성장은 모두를 위한 물질적 풍요의 약속과 다르지 않았습니다. 늦어도 2차 세계대전 이후 누구나 풍요를 누릴 수 있다는 기대는 온 서구 사회를 물들였으며, 또 실제로 눈부신 경제성장이 일어나기도 했습니다. 서구가 아닌 다른 대부분의 나라들도 이런 모델을 꿈꾸며 오로지 경제성장을 외쳤습니다. 경제성장이라는 구호 앞에서는 독재와 민주주의도 없었습니다.

앞다투어 경제성장만 외쳐대는 100년 가까운 세월 동안 '리바운드 효과'에 누구도 관심을 가지지 않았다는 점은 전혀 놀랍지 않습니다. 물론 이 세월 동안 일어난 변화는 실로 엄청납니다. 그러나 이런 변화로 '리바운드 효과'가 사라진 것도 아닙니다. 보다 더 적은 자원으로 높은 효율을 내겠다는 '디커플링'의 꿈은 여전히 요원한 것일 뿐입니다.

자동차를 예로 들어볼까요?

1950년대 중반 지극히 평범한 국민차 폴크스바겐의 딱정벌레Käfer 자동차는 100킬로미터를 달리는 데 7.5리터의 휘발유를 소비했습니다. 폴크스바겐이 1990년대 말에 이 모델을 '비틀Beetle'이라고 이름 붙여 다시 시장에 내놓았을 때에도 연비는 거의 같았습니다. 두 모델 사이에 40년이라는 세월을 두고 기술 발전과 엔지니어의 효용 제고가 이뤄졌음에도 연비 차이는 거의 없습니다.

어째서 그럴까요?

그 답은 물론 자동차 안에 있습니다. '비틀'은 최고 출력이 26.5마력이었던 '딱정벌레'와 달리 1998년에는 최고 출력이 90마력이었고, 2000년에 들어서는 115마력을 자랑했습니다. '딱정벌레'가 낼 수 있는 최고 시속은 98킬로미터였던 반면, '비틀'의 최고 시속은 200킬로미터였습니다. 40년 동안 개선한 연비의 장점은 새롭게 추가된 성능이 고스란히 상쇄했습니다. 에너지 소비는 줄지 않았습니다. 자동차를 만드는 데 들어가는 물질은 거꾸로 크게 늘어났습니다. '딱정벌레'는 739킬로그램이었던 반면, '비틀'은 1.2톤의 무게를 자랑합니다.[25]

자동차는 '리바운드 효과'가 얼마나 다양하게 작용하는지 보여주는 좋은 예입니다. 효율성 제고를 이룩한 성과를 다른 차원에서 최소한 부분적으로라도 갉아먹는 생산품 가운데 하나이지요.

이런 상쇄 효과는 자동차를 타고 다니는 데서도 일어납니다. 이를테면 연비가 좋은 자동차를 구입했다고 차를 자주 운행하면 에너지는 오히려 더 많이 소비됩니다. 드라이브를 간다거나, 교외의 거대한 쇼핑몰을 찾아 쇼핑을 즐긴다거나 하는 식으로 자동차는 필요 이상 운행됩니다. 다른 도시에 연봉이 짭짤한 직장을 얻어 자동차로 원거리 출퇴근하는 사람도 없지 않습니다.

이런 직접적인 사용 외에 간접적 상쇄도 많습니다. 연비 좋은 차 덕분에 저축한 돈으로 비행기 타고 여행을 간다거나, 새 스마트폰을 산다거나, 배우자에게 역시 연비가 좋은 차를 한 대 뽑아준다거나 하죠.

생산자 측면에서도 비슷한 일은 얼마든지 일어납니다. 예를 들어 자동차 제작에 들어가는 에너지를 줄여 더욱 생산량을 끌어올리면 시장에 더 많은 자동차가 출시됩니다. '딱정벌레'보다 성능이 더 좋은 차나 아예 다른 새로운 모델, 이른바 SUV 자동차는 절약된 에너지를 고스란히, 아니 그 이상으로 소비합니다. 위풍당당한 SUV 자동차를 보며 작은 자동차의 차주들은 속이 쓰릴 것입니다. 널찍한 실내 공간이 부러워도 사회적 지위나 형편 때문에 좁은 승용차를 선택해야 하니까요. 널찍한 실내 공간을 가진 차는 보행자, 자전거 이용자들이 사용하는 공공 도로라는 외적 공간을 저절로 잠식합니다. 아무튼 덩치가 커진 자동차로 인하여 언젠가는 도로 폭을 넓히는 대규모 자원 소비도 일어날 것입니다.

심지어 친환경적 대안으로 여겨지는 전기자동차도 마찬가지입니다. 기후변화를 촉발하는 이산화탄소를 덜 배출하며, 전기로 충전할 수 있다고 하지만 여기에도 '리바운드 효과'는 숨어 있습니다. 무엇보다도 배터리를 만드는 데 적지 않은 에너지가 소비됩니다. 그 밖에도 배터리 생산에 필요한 희귀 광물은 환경 파괴적인 조건 아래서 채굴됩니다. 다음으로 전기자동차 운행에 필요한 충전 인프라를 만드는 데에도 상당한 에너지와 자원이 필요합니다.

이를테면 전기자동차 '아우디 이트론Audi e-tron'은 차체가 2.5톤이 넘으며 그 배터리만 700킬로그램에 달할 정도로 묵직합니다. 이런 거대한 차량이 움직인다는 것 자체가 그동안 기술이 얼마나 효율적으로 발전했는지 보여주기는 합니다. 그렇지만 이런 발전이 좋다고는 결코 말할 수 없습니다. 커다란 'SUV'에 장착되는 100킬로와트시kWh 배터리 제작에만 15~20톤의 이산화탄소가 발생한다고 합니다. 이 정도 양의 이산화탄

소는 연비가 좋은 휘발유나 경유 차량이 20만 킬로미터를 운행하면서 발생시키는 것입니다.[26]

개별 상품만 본다거나 어떤 상품의 몇몇 측면만 주목하면 우리가 살아가는 전체 틀은 간과되기 마련입니다. 효율성 제고를 위한 몇몇 기술 발전이 전체 구도의 긍정적인 변화를 이끌어낼 수 없는 이치가 바로 여기에 있습니다. 우리는 전체라는 큰 틀을 염두에 두고 생각하는 것을 '종합적 사고방식'이라 부릅니다. '자연과 생명'을 다룬 장에서 이미 확인했듯, 어떤 하나의 요소가 바뀌면 전체가 움직이는 방식도 변화합니다. 심각한 경우에는 하나의 요소가 다른 요소들을 뒤흔들어 심각한 불균형을 초래합니다.

바로 그래서 에너지 전환 연구에서는 기술과 생태를 하나로 묶는 사회 시스템을 중시합니다. 새로운 기술은 주변 환경과 그 구성 요소들을 예전과 똑같게 놔두지 않습니다. 전체를 살피는 체계적 관점에서 보면 기존 지식과 소통 형식, 자연과 인간의 관계, 행동 방식, 작업 일상, 이해관계와 권력 구도, 재산, 사회 인프라와 자연환경까지 모든 것이 변화합니다. 그리고 최신 기술에 비추어 의미 있거나 흥미롭거나 바람직해 보이는 것들은 유행을 타고 널리 퍼질 좋은 기회를 잡습니다.

전체를 살피는 관점은 왜 중요할까요?

우리의 산업사회는 지난 30년 동안 효율성과 관련해 엄청난 발전을 이루었습니다. 독일을 예로 들어보면, 작금의 독일 경제는 그 어느 때보다 적은 에너지와 자원을 소비하며, 이산화탄소를 덜 배출합니다. 그러나 앞서 살펴보았듯, 여전히 자원 소비의 총량은 환경을 지키는 것과 거리가 멉니다. 앞서 언급한 바 있는 '생태 용량 초과의 날'을 기억합니까? 매년 우리가 소비하는 자원은 지구가 재생할 수 있는 수준을 넘어섭니다. 해가 갈수록 몇 주씩 빨라지는 이날은 독일의 경우 2019년에 이미 5월이었습니다.

그럼에도 계속 혁신과 발전으로 성장할 수 있다고 외치는 사람들은 이런 배경을 전혀 이야기하지 않습니다. 오히려 반대로 수익, 이윤, 매출, 경제성장을 성공적 혁신의 핵심 지표로 여길 뿐입니다.

하지만 지금처럼 세계 경제가 계속해서 성장만 추구한다면 한계를 가진 지구에서 우리는 더는 살아갈 수 없을 것입니다. 이제 어떻게 해야 생태계 전체를 조화롭게 지킬 수 있는지 그 해결책을 찾아야만 합니다. 경제학에서 말하는 효율성이란 시쳇말로 하나의 가격으로 '1+1'을 노리는 심보와 같습니다.

지금까지 살펴본 것처럼 생각은 언제나 현실에 강력한 영향을 줍니다. '1+1'은 자원 소비 증가를 효율성 제고를 통해 막겠다는, 이른바 '녹색 성장'의 꿈을 싹부터 짓밟는 매우 효과적인 수단입니다.[27] 효율성을 높여 자원 소비를 막겠다는 '디커플링'은 계속해서 이산화탄소의 배출과 자원 소비를 끌어올릴 뿐입니다.

이런 경향은 일상생활의 거의 모든 부문에서 쉽게 확인할 수 있습니다. 난방을 예로 들어볼까요? 오늘날 보일러는 그 어느 때보다도 에너지 효율적입니다. 건물에는 단열 처리도 잘 되어 있습니다. 그러나 1인당 필요로 하는 공간의 면적은 계속 커집니다. 개인이 자신만의 공간을 가지고자 하는 욕구가 갈수록 높아지기 때문입니다. 바로 그래서 에너지 소비는 효율적인 난방 기술에도 줄지 않고 오히려 늘어날 뿐입니다.

전자 제품도 마찬가지입니다. 오늘날 전자 제품은 예전과는 비교도 할 수 없을 정도로 전력 효율이 좋습니다. 그래서 우리는 동시에 여러 대의 전자 제품을 쓰기도 합니다. 심지어 요즘 나오는 전자 제품은 예전처럼 내구성이 좋지 않아 교체 주기도 짧습니다.

과거에는 사치품으로 여겨졌던 것이 오늘날에는 누구나 쓰는 필수품입니다. 언제 어디서나 누려야 마땅할 기술 혜택은 이로써 폭발적으로 늘어났습니다. 적어도 이 정도는 누려야 한다는 생활수준도 당연히 높아졌겠지요.

수도만 틀면 콸콸 나오는 온수,

한 가족에 최소 한 대씩 있는 자동차,

모든 가구가 갖춰야 하는 필수품인 세탁기,

방마다 있는 텔레비전,

인구 1인당 한 대씩 굴리는 자동차,

겨울에도 즐기는 신선한 딸기,

한입에 먹기 좋게 포장된 수입 과일(비행기 타고 온 것),

최소 두 주마다 즐기는 장거리 여행(항공편 이용).

오늘날 사람들에게 팽창은 더는 안 된다고 '스톱' 표지판을 드는 가장 인상적인 분야 가운데 하나는 이른바 '기후 공학Geo-Engineering'입니다.

기후 공학은 기후변화를 인위적으로 늦출 방법을 연구하는 학문입니다. 공기 가운데 배출된 이산화탄소를 다시 흡수하기 위해 대규모로 숲을 조성한다거나 말라버린 습지를 다시 회복하는 방법은 지금 활발하게 토론되고 있습니다. 그렇지만 이런 대책 또한 대규모 땅을 필요로 합니다. 인간의 주거지와 더불어 도로망도 계속 늘어나며, 농사를 지을 토지도 확보해야 한다는 점을 생각하면 결코 간단한 문제가 아닙니다.

그런 까닭에 기후 공학은 계속 기술적인 해결책을 고민합니다. 이를테면 우주 공간에 거대한 반사경을 펼쳐 지구에 그림자를 만들어줌으로써 기온 상승을 막거나, 항공기로 막대한 양의 황을 화산재처럼 대기권에 뿌려 햇빛을 반사시키려는 것이 그들이 생각해낸 기술적 해결책입니다. 심지어 몇몇 과학자들은 바다에 비료를 뿌려 적조와 녹조 같은 유해 조류를 제거하거나, 산을 무너뜨려 돌가루를 뿌리는 방법까지 고민합니다. 돌가루는 풍화하면서 이산화탄소를 흡수하기 때문입니다.

〈제임스 본드〉 같은 영화 이야기를 하느냐고요? 지구온난화 방지를 위해 평균기온을 2도 이상 오르지 못하게 막으려는 거의 모든 기후 모델이, 인류가 머지않은 미래에 실제로 기후 공학에 의존할 수밖에 없다는 예측 아래 만들어졌다는 것을 염두에 둔다면 〈제임스 본드〉는 명함도 못 내밉니다. 그만큼 지금의 온난화 추세는 심각합니다.

다만 이런 기술은 현재 어처구니없게도 전혀 활용할 수 없습니다. 기술은 아직 검증되지 않았으며, 작은 규모의 실험에만 통할 뿐 큰 규모에서는 엄두도 못 낼 정도로 위험이 너무 큽니다. 그럼에도 이런 논의는 '대기오염'이 그만큼 부정적 상황임을 웅변합니다.

다른 한편으로 기술은 정반대의 길도 갑니다. 그동안 북극 지역에서 빙하가 녹으며 드러난 천연자원 개발을 둘러싼 지리적 다툼이 본격적으로 막을 올렸습니다. 하지만 문제는 지구가 얼마나 많은 석탄, 석유, 그리고 천연가스를 매장하고 있는가 하는 것이 아닙니다. 정확히 말하자면, 우리 인류의 문제는 이들 자원을 쓰면서 배출되는 이산화탄소를 대기권이 소화하지 못하는 것을 어떻게 막을까 하는 것입니다.

지금 추세대로 지구온난화가 지속된다면 인류는 살아갈 수 있는 기후 조건을 잃고 말 것입니다. 우리가 물질적 탐욕에 사로잡혀 있는 동안 지구온난화는 훨씬 더 빠른 속도로 진행되고 있습니다. 이런 속도는 우리가 재생에너지를 개발하고 이를 활용할 시스템을 구축할 시간을 주지도 않습니다.

물론 놀랄 만한 새 소식은 있습니다. 재생에너지는 오늘날 (시장 가격의 관점에서 볼 때) 석탄보다 쌉니다. 이런 유리한 조건은 재생에너지 생산을 위한 장기적인 투자 결정에 큰 영향을 줄 것입니다. 그럼에도 석유 거물 사우디 아람코Saudi Aramco는 2019년 기업 공개 기준 세계에서 가장 큰 재력을 자랑하는 기업이 되었습니다. 이는 에너지 수요가 그만큼 커서 재생에너지는 대안이 아니라, 단지 수요를 보조해줄 뿐임을 의미합니다. 100년 전에는 석유가 석탄을 몰아냈지만, 재생에너지는 석유를 몰아낼 수 없습니다.

바꿔 말해서 기술 발전을 지금까지와 같이 단기적인 경제성장과 소비 증진에만 활용한다면, 우리는 당면한 위기의 해결을 뻔뻔하게도 미래로 떠넘길 뿐입니다.

솔직히 저는 일론 머스크Elon Musk가 "관통이 거의 불가능한 30배 초고경도 냉간압연 스테인리스스틸 외장재에 테슬라 방탄유리를 자랑한다."라는 '사이버트럭Cybertruck'을 차세대 스포

츠카라고 선보였을 때 기가 막혀 턱이 떨어지는 줄 알았습니다. 환장할 정도로 빠른 가속도에 1.7톤의 무게를 가진 차가 배터리 충전만으로 운행된다고 합니다. 심지어 '사이버트럭 S' 모델의 무게는 2.1톤입니다.

도대체 이런 어마어마한 성능을 가진 차량이 왜 필요할까요? 자동차 경주나 모터크로스motocross를 하려고요? 이런 자동차의 제작과 운행은 생태에 어떤 영향을 미칠까요? 그러나 일론 머스크는 이미 이 차량이 25만 대 가량 예약 주문이 들어왔다고 으쓱한 표정을 지을 뿐입니다.[28]

거의 쓸 일 없는 기능들을 자랑하는 테슬라의 사이버트럭은 대체 어떤 만족감을 주기에 예약 주문이 쇄도할까요?

거듭 확인하지만 이런 질문에 대한 답은 놀랍게도 거의 들을 수가 없습니다. 그러나 작정하고 이 질문의 답을 추적하는 사람이 있습니다.《잘못된 약속: 디지털 자본주의의 성장》이라는 책을 쓴 사회학자 필립 슈타프Philipp Staab는 어떻게 기술 발전과 사회 발달이 서로 분리되는 '디커플링'이 이뤄지는지 보여주었습니다. 최첨단 기술을 이용한 테슬라의 초현대식 전기자동차로 우리는 다시금 매출과 성장이 최우선 목표인 자본주의를 목도합니다. 이 자본주의 사회에서 혁신은 그저 수단일 뿐입니다. 슈타프는 그의 책에서 이렇게 말합니다.

"물질 과잉의 사회에서 특정 상품을 구매하는 행위는 그 상품의 사용 가치를 중시하는 게 아니라, 숨겨진 신분 과시 욕구, 곧 희소성이 높거나 사회적으로 특별한 지위를 상징적으로 보여주고자 하는 욕구에 따른다. 경제적 관점에서 보면 소비 가치와는 무관하게 소유 욕구를 자극하는 상품이 이윤 창출에 효과적이다."[29]

인간은 문제 해결에 탁월한 능력을 자랑합니다. 그러나 문제가 정확히 무엇인지 파악되지 않으면, 이런 능력은 발휘되지 못합니다. 아예 문제를 건너뛰는 경우에는 심각성이 더욱 커질 뿐입니다.

기술 발전의 상징이라 할 수 있는 '사이버트럭'은 오히려 그 탱크 같은 몸집 안에 숱한 문제들을 우겨넣었습니다. 그런 물건을 보며 저는 기괴하다는 느낌을 지울 수가 없습니다. 바로 그런 이유로 '기술 검사 협회TÜV, Technischer Überwachungsverein'가 독일에서 이 차량을 인증해주지 않기로 한 결정에 저는 안도감을 느꼈습니다. '사이버트럭'은 영화 〈매드 맥스Mad Max〉에서 바로 튀어나온 것만 같습니다. 내 길을 막는 것은 누구든, 무엇이든 이 방탄 차량으로 짓밟고 지나가겠다며 으스대는 소리가 들리는 것 같지 않습니까?

저는 그런 위압적인 차를 타는 것보다는 명상이나 요가, 산책, 삼림욕, '디지털 디톡스Digital Detox', '워라밸Work-life balance' 등의 트렌드가 훨씬 더 좋습니다. 그러나 이런 트렌드가 기술 발달로 풍요로워진 사회에서 자연스럽게 나타나리라고 예견된 것임을 알고 있나요? 누가 이런 예언을 했는지 알면 깜짝 놀랄 겁니다. 바로 경제학자들입니다.

역사상 가장 주요한 경제학자 가운데 한 명인 존 메이너드 케인스John Maynard Keynes는 90년 전 〈우리 손자 세대의 경제적 가능성Economic Possibilities for our Grandchildren〉이라는 제목의 에세이를 썼는데, 이 글에서 그는 인류가 경제라는 문제를 해결했다면, 다시 말해서 필요한 만큼 물질적 욕구를 충족했다면, 그 다음에는 어떻게 살아갈까 하는 물음을 제기합니다. 갈수록 높아지는 생산성에 비추어 이 시점은 2030년이 될 것이라고 케인스는 추정했습니다. 그때가 되면 안정적인 생활수준을 유지하기 위해 일주일에 열다섯 시간 정도만 일하게 될 것이라고 했지요. 성장이 그 정도로 좋은 수준에서 균형을 이루고, 경제는 이를 바탕으로 계속 활황을 유지하리라는 것이 그의 전망이었습니다.

케인스가 이런 밝은 전망을 품고 제기한 또 다른 질문은 이렇습니다.

"자유로워진 그 많은 시간으로 우리는 뭘 할 수 있을까?"

정말 우리는 남아도는 그 많은 시간에 무엇을 하고 살까요?

여러분은 짐작이 갑니까?

물론 인생은 즐겨야 마땅합니다.

케인스의 생각도 마찬가지였습니다. 힘들여 오랜 시간 일하지 않아도 되는 우리는 더 큰 행복을 추구하며, 자신의 잠재력을 완전히 발현하기 위해 노력할 게 틀림없다고 케인스는 보았습니다. 친구나 가족과 시간을 보내며, 교양을 쌓는 데 더욱 힘쓰고, 예술과 문화에 흠뻑 빠져보는 것이 그런 행복한 인생일 것입니다.

놀랍게도 '실리콘밸리' 역시 인간의 잠재력 발현이라는 문제를 놓고 고민했습니다. 다만 아쉽게도 케인스가 희망했던 답은 나오지 않았습니다. 인터넷은 소통과 관계, 지식과 정보 교환이라는 야심찬 기대를 가지고 문을 열었지만, 인간의 잠재력 발현보다는 경제학자이자 건축가인 게오르크 프랑크Georg Franck°가 20세기 말엽 그의 책《관심의 경제Die Ökonomie der Aufmerksamkeit》에서 말했듯이, 관심 경제의 생생한 현장이 되어버렸기 때문입니다.

○ 1946년생의 독일 건축가이자 공간 설계 소프트웨어 개발 전문가다. 디지털 문화를 다룬 다수의 책을 썼다.《관심의 경제》는 1998년에 발표한 책으로, 인간의 관심을 소중한 자원으로 여기는 디지털 문화의 현주소를 진단하고 있다.(옮긴이주)

"타인의 관심은 그 어떤 마약보다 거부하기 힘든 것이다."

프랑크는 이렇게 확인하며 '관심'을 계산할 수 있는 희소가치를 가지는 일종의 화폐로 묘사했습니다.[30]

이런 진단을 디지털 서비스 개발자들은 대단히 흥미롭게 여기고 사람들이 이 서비스를 이용하는 데 가능한 한 많은 시간을 쓰게 하자는 목표로 표준 옵션을 갖춘 상품을 속속 선보였습니다. 그 결과 사람들은 인터넷 서핑을 즐기며 방문, 클릭, '좋아요'로 관심을 주고받으며 많은 시간을 보내고 있습니다. '좋아요'를 많이 받은 이용자일수록 관심 경제에서 성공한 인물이 된 것은 당연합니다.

그러나 이 '무료 서비스' 뒤에는 주지하듯 개인 정보 수집과 광고 수입이라는 짭짤한 수익 모델이 숨어 있습니다. 표준으로 다듬어진 서비스 약관은 개인의 동의를 반강제하다시피 얻어내 개인 정보를 빠르고 손쉽게 활용할 수 있게 함으로써 사람들로 하여금 쇼핑의 마력에 사로잡히게 만듭니다. 디지털 화폐로 시작했던 것은 마우스를 클릭할 때마다 현금으로 교환됩니다. 그리고 데이터는 오로지 이용자가 생산하는 것임에도 이를 활용한 금전적 보상은 기업이 퍼갑니다.

이런 형태의 기술 발전은 사람들의 관심과 학습 태도, 사회적 관계와 토론 문화를 바꿔놓는 결과를 가져왔습니다. 이는 한때 실리콘밸리에 몸담았던 사람들의 증언입니다. 우리는 인터넷을 통해 일자리만 걱정하는 게 아니라 민주주의 실현과 사회적 소통에 힘쓰다가, 심지어 사람들의 의견을 조작하는 지경까지 이르렀습니다.

구글에서 디자인 윤리학자로 활동한 바 있으며, '휴먼 테크놀로지 센터Center for Humane Technology'의 창설자인 트리스탄 해리스Tristan Harris는 인간 중심의 기술 재편을 주장하며, '잘 쓴 시간Time Well Spent' 운동을 시작하기도 했습니다. 이는 기술에 인간의 시간을 빼앗기는 것이 아니라 시간을 잘 쓰게 하는 것이 목표입니다. 이와 더불어 디지털 기술혁명이 드리운 어두운 그림자를 조목조목 짚고 있습니다. 그는 '환경 저하Environmental degradation'와 같은 근본적인 개념을 만들고 해결책을 찾고자 했습니다. '환경 저하'는 기후변화, 생물 다양성 상실, 물 부족, 사막화 등을 하나로 묶어낸 개념입니다.

이 개념에 빗대 해리스가 토크쇼와 인터뷰마다 강조하는 것은 '인간 하락human downgrading'입니다. 이 말은 주의력과 적절한 행동 감각, 민주적 소통과 사회관계의 질이 현격히 떨어진 것은 물론이고, 이른바 소셜 미디어에 중독된 현상을 겨눈 비판입니다.[31]

해리스가 말한 '인간 하락'은 무엇보다 다음과 같은 사실을 확인해줍니다. 기술 발전을 위한 발전, 혹은 높은 경제적 이득을 노리는 발전은 이 기술의 배경이 되는 사회를 그다지 배려하지 않는다는 것입니다.

그럼 우리는 혁신을 거부해야 마땅할까요?

경험적으로 볼 때 오히려 혁신은 환영할 만합니다. 인간과 자연의 과잉 착취의 한계는 '새로운 현실'에 필요한 혁신 의제를 촉진시킬 수 있기 때문입니다. 기존의 현실을 넘어 '새로운 현실'로 넘어가는 힘은 혁신이 제공합니다. 제한적인 자원이라는 조건 아래서 인간은 창의력을 최고로 발휘합니다. 제한된 자원을 적절히 다루기 위한 아이디어가 샘솟는 것이죠. 다윈이 말한 제한적인 생태계에서 이뤄지는 진화의 바탕도 이런 창의력입니다.

따라서 기술 발전 그 자체는 나쁘지도 좋지도 않습니다. 자연을 망각한 컨베이어벨트 경제에서 순환의 경제로 나아가는 대전환에 기술 발전은 매우 중요합니다. 포괄적인 재생에너지 체계의 구축과 지속가능한 이동성 시스템으로 진입하는 데에도 기술은 필요합니다. 다만 우리는 기술 발전의 방향을 일관되게 이 목표에 맞추어야지, 돈벌이부터 생각해서는 안 됩니다. 돈벌이가 목적이 되면 다시금 수단과 목표가 뒤바뀝니다. 속도계의 바늘이 올라가는 것만 잔뜩 긴장해서 노려보며 짜릿한 쾌감을 느끼는 사람은 본래 자신이 어디로 가려고 했는지 그 목적지를 잊고, 주유 계기판이 우리에게 무엇을 경고하는지도 모를 것입니다.

기술 발전은 인류 발달의 가장 두드러진 특징입니다. 그러나 기술의 배경이 되는 우리의 환경과 사회를 함께 고려하지 않는다면, 우리는 기술에 호도되어 어디로 가야 하는지 목표와 방향 감각을 잃어버리게 될 것입니다. 점점 늘어나는 인구와 줄어드는 땅, 이 새로운 현실에서 서로 잘 어울려 살기 위해서라도 우리는 발전을 보는 관점을 바꿔야 합니다. 그렇지 않고 지금의 관점과 태도를 유지한다면 우리는 현재의 문제를 그저 미래로 계속 미루기만 할 뿐입니다.

소비:
**우리의 풍요에 들어가는 진짜 비용을
언제까지 외면할 것인가**

너무 많은 사람들이 다른 사람 앞에서 뻐기기 위해 자신이 가지지도 않은 돈으로 필요하지도 않은 것을 산다. 자신이 좋아하지도 않는 사람들에게 무엇을 그리 뻐기고 싶을까.

— 로버트 퀼른Robert Quillen, 유머 작가이자 저널리스트

　지난 몇 년 동안 최고의 성공을 거둔 실용서 가운데 한 권은 《인생이 빛나는 정리의 마법人生がときめく片づけの魔法》이라는 책입니다. 일본에서 오랫동안 베스트셀러 목록을 장식한 이 책의 저자는 곤도 마리에近藤麻理恵입니다. 그동안 그녀가 쓴 책들은 40여 개 나라에서 번역·출간되었으며, 전 세계적으로 700만 권이 넘게 팔렸습니다. 무엇보다 서구의 산업국가들에서 인기가 높았지요. 아무래도 이른바 '선진국' 사람들은 올바른 정리 방법을 알려줄 지침이 따로 필요한 모양입니다. 충분히 이해가 가는 것이, 너무 많이 사들이다 보니 정리 문제가 심각할 수밖에 없습니다.

　그래서 곤도 마리에의 정리 방법은 너무 많은 것을 가지고 있는 한 진정한 질서를 만들 수 없다는 단순한 인식을 바탕으로 합니다. 주거 공간이 너무 비싼 탓에 공간 활용이 녹록지 않은 일본에서 곤도 마리에의 발상은 상당한 설득력을 가지고 널리 소개되었습니다.

곤도 마리에는 방을 깨끗이 청소하자고 말하는 게 아닙니다. 그녀가 제안하는 방법은 몇 개의 큰 카테고리에 있는 것들, 이를테면 옷, 책, 종이, 작은 물건 혹은 기념품 등을 따로 모아 분류한 다음 그 앞에 앉아 버릴 것과 보관할 것을 나누는 것입니다. 버리거나 보관하는 기준은 물건을 손에 잡았을 때 '설렘'이 있는가의 여부입니다.

"이 물건을 손에 잡았을 때 가슴이 뛰면서 행복한 기분이 드는가?"

아니라면 버립니다.

곤도 마리에는 책 출간뿐만이 아니라 정리 강좌도 열고, 얼마 전부터는 '넷플릭스'에서 미국인들을 대상으로 미어터질 것만 같은 옷장, 주방, 게스트 룸, 풍요의 쓰레기로 가득 찬 차고를 정리하는 것을 돕는 일련의 시리즈를 선보이기도 했습니다. 그렇다고 곤도 마리에의 도움을 받는 사람이 버리고 비우는 걸 어려워하는 '호더Hoarder'°는 아닙니다. 그래도 이들 모두는 쓰레

° 다시 보지도 않을 쓸데없는 물건을 쌓아두는 사람을 이르는 표현이다. 심리학에서는 이런 경향을 보이는 경우를 '강박적 축적Compulsive hoarding'이라 부른다.(옮긴이주)

기 수거 차량이 산더미처럼 쌓인 쓰레기봉투를 가져가자 더할 수 없이 홀가분한 표정을 지었습니다.

인간이 특정 수준의 부유함을 이루고 나면, 더 많이 가진다고 해서 더 행복해지는 것은 아니라는 '이스털린 역설'이 기억 납니까? 곤도 마리에는 이 역설을 말하자면 동영상으로 생생하게 보여줍니다.

지속가능한 경제를 연구하는 저에게 곧장 든 생각은 그녀의 동영상 안에 물론 담기지 않았습니다. 사람들이 애초에 이런 물건들을 구입하지 않았다면 어땠을까요? 아니, 이 물건들이 처음부터 생산되지 않았다면요? 그럼 우리는 산더미처럼 쌓인 쓰레기를 덜 보지 않을까요?

지구의 생태가 허락하는 범위 안에서 지속가능한 경제를 꾸려갈 길을 찾기 위해 인간이 무엇을 할 수 있는지를 다룬 토론은 지금껏 두 가지 해결 방안을 제시했습니다. 그 하나는 우리가 이미 '디커플링'으로 살펴본 것입니다. 혁신과 기술 발전의 도움을 받아 자연 소비를 줄이자는 이 제안은 풍요로움을 포기하지 않아도 좋다고 장담합니다. 두 가지 제안 가운데 '디커플링'이 더 선호되는 이유가 달리 있는 게 아닙니다.

그러나 '리바운드 효과'에서 보았듯 '디커플링'은 아쉽게도 우리의 목표를 이룰 수 없는 방법입니다. 또한 우리는 시간, 관심, 돈을 사용하는 데 있어서도 '리바운드 효과'가 고스란히 나타난다는 사실을 압니다.

우리는 공급 외에 수요 측면에서도 지속가능한 경제를 살펴야 합니다. 간단히 말하면 소비 역시 중요한 역할을 한다는 것이죠. 바로 그래서 지속가능한 경제를 위한 두 번째 제안에서는 소비를 눈여겨봅니다. 경제성장으로 자연이 회복하기는커녕 무너질 수밖에 없다면, 우리가 누리는 물질적 풍요는 당연히 줄어들어야만 합니다. 물론 그리 달갑지 않은 이야기일 것입니다. 이 제안을 따른다면 우리는 필연적으로 더 적은 것에 만족해야만 하기 때문입니다. 포기하라는 말을 과연 좋아할 사람이 있을까요?

'자연과 생명'을 다룬 장에서 이미 보았듯이, 어떤 상품을 생산하거나 이용함으로써 발생하는 환경 훼손은 경제통계에 전혀 등장하지 않습니다. 이는 곧 상품 가격에 그 실제 비용이 반영되지 않았음을 의미합니다. 근본적으로 이 비용까지 계산하기에는 회계가 너무 복잡해집니다. GDP를 겨눈 비판은 이런 결함을 늘 지적하곤 합니다. 그럼에도 상품의 가격을 인위적으로 낮추기 위해 이런 계산 방식이 고집되고 있는 게 사실입니다. 어떤 물건의 생산이나 소비로 생겨나는 부담은 이렇게 해서 늘 다른 쪽에 떠넘겨집니다. 말을 하지 못하거나 힘이 없어서 자기방어를 하지 못하는 이 희생양은 바로 우리를 둘러싸고 있는 자연입니다.

항공편으로 프랑크푸르트에서 뉴욕까지 갔다가 되돌아온다
고 가정해볼까요? 이른바 비수기에 항공권은 300유로가 채 안
됩니다. 이 가격은 다른 모든 비용 외에도 당연히 승객을 뉴욕
까지 데려갔다가 되돌아오는 데 필요한 연료비를 포함합니다.
그러나 이 비행으로 발생하는 이산화탄소를 대기권에서 제거
하는 비용은 반영되지 않습니다. 항공사는 물론이고 연료를 공
급한 업체도 이산화탄소 문제는 깨끗이 무시합니다. 이 비행으
로 승객 한 명당 배출되는 이산화탄소는 3.5톤에 달합니다. 항
공사든 유류 공급 업체든 승객이든 이 막대한 양의 이산화탄소
는 지구 대기권이 당연히 소화해낼 것이라고 믿습니다.

이른바 '외부 비용external costs'은 정말로 말이 안 되는 표현입
니다. 외부라니, 무엇의 외부인가요? 외부 운운하는 것은 우리
가 감당해야 하는 책임을 슬쩍 뭉개는 뻔뻔함일 뿐입니다. 우
리는 대기권을 쓰레기통 취급하면서 다양하기 이를 데 없는 방
식으로 온실가스를 배출합니다. 그러나 대기를 다시 정화할 책
임은 서둘러 부정합니다.

이런 무책임한 행동의 대가를 치르는 쪽은 해수면이 높아져
물에 잠기는 섬나라들이지요. 또는 기후변화에 대응할 수 없는
빈민들입니다. 이들은 태풍이 휩쓸고 간 뒤에 집과 농토를 복
구할 수 없으며, 물이 범람하지 않는 지역으로 이주할 수도 없

습니다. 우리가 내일로 미뤄버린 책임은 바로 우리의 자녀나 손주를 위협하기도 합니다. 우리가 망가뜨린 세상에서 우리의 후손들은 절망적인 인생을 살아야만 합니다.

'외부 비용'은 이런 책임감 회피의 단적인 표현입니다.

독일 사회학자 슈테판 레세니히Stephan Lessenich는 《우리 옆의 홍수》라는 제목의 책에서 서구 사회가 누리는 풍요가 어떻게 이루어진 것인지 설명합니다. 그는 서구 사회의 풍요는 그 진짜 비용을 스스로 감당하지 않고 남에게 떠넘겼기 때문이라고 단언합니다. 그러나 풍요로운 삶을 그대로 계속 유지하기 위해 서구인들은 이런 사실에 관심을 가지지 않거나, 심지어 의도적으로 못 본 척하고 있습니다. 이런 것이 제가 이 책의 서두에서 말한 '가짜 현실'입니다. 슈테판 레세니히는 이 가짜 현실을 '외재화 사회Externalizing Society', 곧 문제를 바깥으로 떠넘기는 사회라 부릅니다.

"우리는 자신의 형편대로 살지 않고, 다른 사람의 형편을 이용하며 살아간다."

레세니히가 쓴 글입니다.[32]

독일에서 가축은 사료로 콩을 먹을 먹습니다. 독일은 콩을 전혀 재배하지 않습니다. 사료로 쓰는 콩은 남아메리카에서 전량 수입하고 있지요. 남아메리카에서는 콩을 재배할 대규모 밭을 개간하느라 열대림과 목초지가 파괴되고 있습니다. 반대로 독일에서는 수요 이상으로 고기가 생산되어 남는 육류는 싼값에 수출됩니다. 이 고기를 수입한 국가들은 마찬가지로 가격 경쟁 탓에 값싼 콩을 사료로 쓴 육류를 사들일 수밖에 없습니다. 그러면서 더욱 많은 열대림과 목초지가 잠식됩니다.

이처럼 어느 한 곳에 폐해를 일으킴으로써 얻어지는 가격 우위는 또 다른 폐해를 몰고 옵니다. 사람들은 그게 그저 외국에서 일어난 폐해일 뿐이라고 무시합니다. 원인과 결과가 서로 떼어져 따로 노는 이런 '디커플링'이 폐해를 지구상 곳곳에 퍼뜨리고 있습니다.

또 다른 예는 이른바 '바이오 연료'입니다. 유럽은 몇 년 전부터 교통으로 생겨나는 이산화탄소를 절감하는 방안으로 바이오 연료 개발에 매달려왔습니다. 바이오 연료를 연소시켜 생겨나는 이산화탄소는 식물이 다시 흡수할 수 있고, 이산화탄소를 흡수해 잘 자란 식물은 다시금 '바이오 연료'의 재료가 될 수 있기 때문입니다.

이론적으로 보면 이는 더없이 좋은 지속적 순환입니다. 하지만 유럽이 필요로 하는 연료의 양은 유채와 해바라기 재배 농장이 감당할 수 없을 정도로 많습니다. 결국 바이오 연료는 다른 나라에서 수입되어야만 합니다.

벌써부터 그림이 그려지지 않습니까? 동남아시아의 열대림이 벌목된 뒤 팜유 생산을 위한 거대한 식물 재배 단지가 들어섭니다. 유럽의 바이오 연료 수요를 맞추기 위해서는 대규모 재배 단지가 불가피합니다. 대규모 플랜테이션plantation을 마련하고자 화전을 하는 통에 다시금 막대한 양의 이산화탄소가 배출되고, 지금껏 토양과 숲이 품어주었던 이산화탄소가 대기를 채울 것입니다. 그야말로 '외재화' 일색입니다.

독일 국민이야 이런 상황을 실감하지 못할 것입니다. 독일은 숲이 안정적이라거나, 심지어 늘어나고 있다고 자랑이 대단합니다. 그러나 나무의 종류가 다양하지 않고, 특정 종에만 집중하는 단종 재배는 생물 다양성에 그다지 도움이 되지 않습니다. 또 기후변화에 저항력도 없습니다. 독일이 최근 경험한 두 번의 뜨거운 여름이 괜히 생겨난 게 아닙니다. 그럼에도 가난한 나라의 국민이 자연을 더 소중히 잘 다뤄야 한다고 으스대는 식의, 말도 안 되는 오만은 낯이 뜨거울 정도입니다.

흥미롭게도 경제학은 책임을 남에게 떠넘기는 외재화 문제에 대한 해답 역시 성장에서 찾습니다. 이른바 '쿠즈네츠 곡선'은 러시아 태생으로 미국에서 활동한 경제학자 사이먼 스미스 쿠즈네츠Simon Smith Kuznets°의 이름에서 따왔습니다. 이 곡선은 경제성장과 더불어 빈부 격차가 극심하게 벌어지지만, 특정 지점(전환점)에 이르면 다시 줄어드는 것을 보여주고 있습니다. 곡선은 인상적일 정도로 큰 낙폭을 보입니다. 처음에는 거의 모든 사람이 비슷한 수준의 가난에 시달리다가, 단지 몇몇 극소수의 사람만 엄청난 부자가 되었으나, 이 특정 지점을 지나면서 거의 모두 비슷한 수준의 부를 자랑합니다.

성장과 관련해 우리가 이미 살펴본 '낙수 효과'를 지속적인 생태에 끌어다 붙인 것이 쿠즈네츠 곡선입니다. 급격히 벌어졌던 빈부 격차가 다시 좁혀지는 효과는 1인당 소득이 올라가는 정도로 환경오염이 줄어들어야 일어납니다.

바꿔 말해서 사회가 풍요로워질수록 깨끗한 환경에 그만큼 더 많은 관심을 보이고, 환경오염을 막는 데 필요한 기반 시설을 만들고 정비할 재원을 마련할 수 있다고 합니다.

과연 그럴까요?

독일의 쓰레기 분리수거만 보아도 실제로 환경보호는 어느 정도 물질적 부가 뒷받침되어야만 합니다. 독일의 재활용 시스템은 현재 세계에서 가장 뛰어납니다. 전문가들은 이런 시스템을 운용하려면 소비자들이 매년 10억 유로를 분리수거와 재활용 비용으로 지불해야만 한다고 평가합니다. 물론 이런 계산에

○ 유대인 혈통의 러시아 출신 경제학자로, 미국 여러 대학교의 교수를 역임했으며, 1971년에 노벨 경제학상을 받았다.(옮긴이주)

는 이 시스템이 양심적으로 운용되는 데 꼭 필요한 시간은 포함되지 않았습니다. 쓰레기를 분리하고 재활용할 수 있으려면 각 개인이 적잖은 시간을 들여야만 합니다. 독일 국민이 이런 노력을 하는 데 들이는 시간까지 계산한다면 틀림없이 그 비용은 훨씬 더 늘어날 것입니다.

이처럼 막대한 비용이 드는데도 이런 재활용 시스템이 과연 성공적인 모델일까요?

일단 재활용 시스템 모델이 성공적이라는 점은 인정해야 합니다. 독일 국민은 다른 어떤 유럽 사람들보다 1인당 더 많은 쓰레기를 만들어내고 있으니까요. 예외는 덴마크와 룩셈부르크, 그리고 키프로스입니다. 아무튼 독일의 쓰레기는 전량 자국 내에서 처리되지 않습니다. 독일에서 쓰레기는 수출 품목입니다.

뷔르츠부르크-슈바인푸르트Würzburg–Schweinfurt 전문대학의 연구팀은 톤 단위로 비교해본 결과, 독일이 2018년에 기계보다 훨씬 더 많은 쓰레기를 외국으로 수출했다고 밝혀냈습니다. 합성 물질 쓰레기는 전체 양의 5분의 1이 외국으로, 대개 말레이시아, 인도 또는 베트남으로 팔려갔습니다. 이 나라들은 그 일부를 재생해서 쓰고 나머지는 매립하거나 강 또는 바다에 버렸습니다. 거의 매일 175대의 고장 난 텔레비전이 아프리카 대륙, 이를테면 가나, 나이지리아 또는 카메룬으로 수출됩니다.

망가진 텔레비전은 분해되어 쓸 만한 것을 추려낸 다음, 팔 수 없는 모든 부품은 쓰레기더미로 직행합니다.[33]

이런 상황에서 분명하게 목도하듯, 경제적 풍요가 더 늘어난다고 해서 인간이 환경을 보다 더 적극적으로 보호하지는 않습니다. 오히려 상황은 정반대의 사실을 보여줍니다. 물론 독일은 엄격한 법 규제로 자국의 환경을 보호하면서 국제적으로 비교할 때 상대적으로 발달한 쓰레기 처리 시스템을 운용하기는 합니다. 그러나 이렇게 얻어낸 성과가 정말 환경 친화적일까요? 이런 의문에 진심으로 신경 쓰는 사람은 거의 없습니다. 불편한 것은 내다 버리고, 쓸모 있는 것은 들여올 따름이죠.

독일만 그런 게 아니라 유럽 전역의 경제가 이런 식입니다. 유럽은 각 국가가 다른 나라의 국토를 이용할 수 있어야만 경제를 꾸려갈 수 있는 대륙입니다. 이런 의존도는 전 세계에서 가장 높습니다. 인간이 살아가는 데 필요한 자원 생산과 폐기에 드는 비용을 토지 면적으로 환산한 '생태 발자국'이라는 개념이 있습니다. 유럽연합의 사람들이 현재의 생활수준을 유지하는 데 필요한 생태 발자국은 6억 4천만 헥타르로 집계됩니다. 이 면적은 28개 회원국을 가진 유럽연합 전체 면적의 대략 1.5배에 해당합니다. 이 면적에서 영국을 빼면 8천만 헥타르가 줄어드니 대략 5억 6천만 헥타르입니다.

독일이 필요로 하는 면적도 이와 비슷하게 큽니다. 독일 국토의 전체 면적은 3천 570만 헥타르인데, 생태 발자국에 따라 독일이 소비하는 면적은 국토의 2.2배입니다.[34] 이 면적에 해당하는 생산품을 사들이는 수입상은 보통 유리한 가격에 관심을 가질 뿐, 토지가 장기적으로 지속적인 수확을 올릴 수 있는지는 신경도 쓰지 않습니다. 상품을 사들이면서 수출 국가에 이런 유리한 가격을 강제할 수 있는 건 독일의 높은 경제 수준 때문입니다. 높은 경제력 덕분에 독일이 시장에서 힘을 발휘하고 있는 건 틀림없는 사실이죠.

아무튼 이 모든 것이 '외재화'입니다.

국가별로 볼 때 쿠즈네츠 곡선은 해당 국가의 국민이 더 부유해진다는 전제 아래 지역의 오염 현상, 이를테면 물과 공기의 오염 정도가 줄어들 때에만 맞습니다. 물론 이때에도 배기가스가 조작된 경우는 제외되어야만 합니다. 그러나 글로벌 차원에서 보자면 경제적 부와 환경보호는 절대 균형을 이루지 못합니다. 그리고 우리가 맞닥뜨린 환경 문제는 대부분 글로벌 차원의 심각성을 보여줍니다. 결론적으로 우리는 환경 소비를 줄이는 목표와 경제성장이라는 목적을 절대 동시에 추구할 수 없습니다.

그렇다면 남는 수단은 금지와 포기뿐입니다. 그러나 '포기'라는 말만 들어도 사람들은 화부터 냅니다. 대체 포기란 정확히 무엇을 뜻할까요?

따지고 보면 우리가 소유권을 주장할 수 있는 것만 포기할 수 있는 게 맞습니다. 그렇게 볼 때 서구 사회가 누리는 풍요로움은 과연 소유를 주장할 수 있는 것일까요? 이런 경제적 부, 그러니까 많은 개발도상국이 지향점으로 삼는 '풍요'는 본래 지구의 지속가능한 규칙을 따른다면 애초부터 생겨날 수 없는 것입니다.

부유한 국가에서 '포기'란 지구를 파괴하는 행위를 멈추는 것 그 이상도 이하도 아닙니다. 과시 욕구에서 '사이버트럭'을 타든, 정리 문제를 다룬 베스트셀러를 읽으며 쌓아놓은 물건들과 아쉬운 작별을 하든, 우리가 현재 누리는 물질적 풍요는 지구를 파괴하는 행위임을 분명히 자각하고 미래의 생활 터전을 지키기 위해 노력해야 합니다.

미래를 위해 포기한다? 물론 엄청나게 큰 말입니다.

약간이라도 더 작게 줄여서 할 수 있는 말은 없을까요?

유감스럽지만 없습니다.

차분하게 마음을 가다듬고 한번 이렇게 뒤집어서 물어볼 수도 있을 것입니다.

"우리 인간이 충분히 건강한 인생을 살기 위해 반드시 필요한 것은 무엇일까?"

본래 경제학에서 말하는 '공급 안정성'이라는 것은 인간의 근본적인 욕구, 즉 의식주와 에너지와 의료 체계, 그리고 교육의 안정적이고도 장기적인 확보를 뜻합니다. 지금까지 우리가 살펴보았듯 이런 근본적인 욕구를 채우려는 노력은 지난 한 세기 동안 계속해서 경제성장이 이뤄지도록 밀어붙였습니다. 그러나 몇십 년 전부터는 근본적 욕구를 넘어서서 본격적인 탐욕이 폭발했습니다.

앞다투어 기술 발전에 매달리고 자연을 망각한 경제지표에만 매몰된 나머지 우리는 공급의 역설이 일어난다는 사실을 까맣게 잊었습니다. 모든 부모가 자신의 자녀만큼은 더 나은 삶을 살기 원한다면, 그리고 이 더 나은 삶을 '더 많은 돈'으로 혼동한다면, 언젠가 모든 아이들이 기본적인 욕구조차 해결할 수 없는 지경에 내몰릴지도 모릅니다. 자원이 제한된 지구에서, 그것도 갈수록 늘어나는 인구를 가진 지구에서 공급 안정성은 갈수록 더 커지는 소비를 의미할 수밖에 없습니다.

포기를 못마땅하게 여기는 사람들이 포기하는 아픔의 대가로 무엇을 얻을 수 있느냐고 묻는다면 그 답은 오로지 하나입니다. 우리는 미래의 평화와 공급 안정성을 위해 투자해야 합니다! 한번 생각해보십시오. 아프리카, 라틴아메리카, 그리고 아시아의 국가들이 그들의 천연자원과 토지에서 거둬들인 생산품을 독일에 수출하지 않고 직접 자국에서 이용하겠다고 한다면 무슨 일이 벌어질까요?

공급의 역설을 해결할 첫걸음은 회계를 바로잡는 것입니다. 그리고 가격도 합리적으로 책정해야 합니다. 무엇보다도 가격은 해당 상품의 생산과 수송, 그리고 마지막 폐기 처리 비용까지 감안해 책정되어야만 합니다. 이산화탄소 배출과 관련한 부분을 가격에 반영하려는 시도 또한 이 방향으로 나아가려는 노력 가운데 하나입니다. 이렇게 책정된 가격은 소비자가 상품을 선택하는 데 영향을 줄 뿐만 아니라, 이산화탄소를 줄이거나 아예 없애는 쪽으로 기술혁신이 이뤄지도록 유도할 수 있습니다.

요컨대 이런 가격 책정은 상품의 생산과 소비가 환경에 어떤 피해를 끼치는지 확연히 드러내줍니다. 이로써 우리는 가치를 보다 더 객관적으로 바라볼 수 있게 되죠. 또 이런 가격 체계는 디지털 기술혁명을 도와 이산화탄소 배출 추적 장치를 만들거나 상품에 어떤 원자재가 쓰였는지 알려주는 디지털 식별 장치가 개발될 수 있게 도움을 줄 수도 있습니다. 그렇게 되면 시장은 공급 안정성을 장기적으로 확보할 더 좋은 기회를 가질 것입니다.

'더 많이'와 '되도록 적게' 사이에서 흔들리지 않고 명확한 기준을 지키는 일은 쉽지 않습니다. 더욱이 우리는 더 많은 물건을 마음껏 쓰는 데 익숙해져 있습니다. 가장 두드러진 상징이 바로 스마트폰입니다. 음악, 동영상, 지식, 만남, 연락, 소비재

등 모든 것이 단 하나의 단말기로 소비됩니다. 스마트폰의 연산 처리 속도는 50년 전 달에 착륙했던 아폴로 11호의 보드 컴퓨터보다 1억 2천만 배 빠릅니다.

글로벌 시대의 사회 환경을 연구하는 독일 사회학자 하르트무트 로자Hartmut Rosa는 한 강연에서 이것을 '세계 확장'에 대한 지속적인 욕구라고 했습니다.[35] 오늘날 우리 사회는 과거를 능가하는 현재를 이루려 전력을 다하고 있습니다. 과거 수준을 뛰어넘는 업데이트로 최적화를 노리는 이런 노력은 기술과 경제 영역에만 국한된 게 아닙니다. 사회적 영역, 심지어 공간적 영역에서도 과거보다 우월한 수준을 보이려고 노력합니다. 지금 열광하는 모든 패션, 직업, 오락, 휴가 여행도 내일이면 이미 지나간 어제의 것입니다. 그리고 끊임없이 이어지는 광고, 뉴스, 자기 연출, 정보 검색 등의 관심 경제는 이런 유효기간이 갈수록 짧아지도록 확실하게 거들고 있지요.

게다가 우리는 갈수록 더 많은 물건을 활용하는 데만 그치는 것이 아닙니다. 우리가 쓰는 물건들도 계속해서 다양하게 변형됩니다. 풍부함과 다양함은 너무 지나친 나머지 우리를 힘겹게 할 정도가 되었습니다.

몇 년 전 미국의 두 심리학자도 실험을 통해 풍부한 선택지가 주는 중압감을 입증한 바 있습니다. 그들은 캘리포니아의 어떤 레스토랑에서 두 개의 테이블에 있는 마멀레이드를 사람들에게 시식하고 구매하게 했습니다. 한 테이블에는 여섯 종류의 마멀레이드가, 다른 테이블에는 스물네 종류의 마멀레이드가 각각 놓여 있었습니다. 더 많은 선택지가 주어진 테이블에 더 많은 고객이 몰린 것이야 그리 놀랍지 않은 일이지요. 그러나 묘하게도 여섯 종류의 마멀레이드가 놓인 테이블에서 더 많은 구매가 이루어졌습니다. 선택지는 적었지만 어떤 것을 고를지 결정하는 건 더 쉬웠기 때문입니다. 선택지를 늘린다고 해서 자동적으로 결정의 즐거움이 커지는 것은 아닙니다. 미국의 심리학자 배리 슈워츠Barry Schwartz는 이런 심리를 두고 '선택의 역설'이라고 했습니다.[36]

선택의 문제는 자세히 들여다볼수록 더 복잡합니다. 구매와 소비를 포기한다고 해서 정말로 삶의 품격이 떨어질까요? 가슴에 손을 얹고 이 물음에 답해보세요. 그동안 감사하게도 이 문제를 다룬 연구는 많았고, 모두 분명한 사실 한 가지를 확인해주고 있습니다. 더 풍요로워진다고 해서 인생이 반드시 더 행복해지는 것은 아닙니다. 물질의 풍요는 우리를 온전히 만족시키지 못하며, 오히려 근심을 키울 때도 있습니다.

환경을 물질적 풍요로 바꾸어내는 컨베이어벨트는 더 많은 것에 집착하게 합니다. 더 나아가 혹시 부족해지지 않을까 하는 두려움도 키웁니다. 선조들보다, 이웃들보다, 자신이 기꺼이 속하고 싶은 계층의 사람들보다 덜 가지는 게 아닐까 하는 두려움은 나눔과 포기를 어렵게 만듭니다. 성공적인 인생과 직업을 '더 많이 가지는 것'과 동일시하는 사회, 다른 사람보다 더 많이 가져야만 한다는 생각이 강한 사회일수록 컨베이어벨트는 그만큼 빠르게 돌아갑니다.

미국의 심리학자 팀 카서Tim Kasser는 경제성장 중심의 문화가 사회에 어떤 영향을 미치는지 연구했습니다.[37] 그는 물질 중심의 사고방식이 우리의 평안과 자존감에 어떤 영향을 주는지 자문하고, 물질주의는 불안함과 불만을 빚어내는 원인인 동시에 그 표현이기도 하다는 결론에 도달했습니다. 물질주의는 일차적으로 외적인 요소, 곧 다른 사람들의 인정을 받고 싶다는 강력한 동기 부여를 하고, 결국 내가 가진 물건의 가격 또는 관심의 정도(유명세, 좋아요, 클릭 수)가 내 자존감의 척도라고 여기게 만들기 때문입니다. 물질주의 가치 이론은 누가 이 사회에 꼭 필요한 인물인지 가려볼 수 있는 감각을 상실하게 만들기도 합니다. 그리고 소중한 직업이나 커다란 집을 잃어버리고 '팔로워'가 우리를 갑자기 멍청하게 여길 때 자존감은 심각한 타격을 받습니다.

물질주의 사고방식이 굳어지면 개인의 긴장감과 불안이 높아지고 우울증을 앓을 확률이 커진다고 한 카서의 결론은 조금도 놀라운 게 아닙니다.

법학자이자 교육자이면서 하버드대학교의 총장을 역임한 데

렉 보크Derek Bok 역시 같은 사실을 확인해줍니다. 그는 국민의 행복을 키울 정책 입안을 위한 메타meta 연구에서 이렇게 말했습니다.

"심리학은 부자가 되고야 말겠다는 집착이 환멸과 함께 불행을 초래할 실존적 위험을 키운다고 경고한다."[38]

제러미 벤담이 이런 이야기를 들으면 무슨 말을 할까요? 아마도 그는 머리카락을 쥐어뜯으며 괴로워할 것입니다. 경제학자들은 벤담의 공리주의를 항상 증가하는 소비를 전제로 함으로써 성장을 자연스럽고도 무한한 것으로 설명해왔습니다. 그러나 성장이 우리를 항상 더 행복하게 만들지는 못합니다.

항상 더 행복하게?

그건 말 자체가 성립하지 않는 이야기입니다. 인간은 기계가 아니라 생물이기 때문입니다. 인간의 두뇌는 끊임없이 주변 상황에 적응하려 노력합니다. 항상 변화하는 상황에 맞추어야 하는 마당에 쉬지 않고 샘솟는 행복 호르몬을 두뇌가 견딜 수 있을까요? 장기간에 걸쳐 전력을 계속 쥐어짜는 것도 자연의 생명체는 감당할 수 없습니다. 인간과 자연이라는 생동하는 생명체는 일을 하고 중간에 쉬는 재생 과정을 가져야만 번성할 수 있습니다. 그렇기 때문에 행복을 측정할 때는 하늘을 뚫을 것 같은 기세의 하키스틱 곡선이 아니라, 1부터 10까지 점진적 단계로 측정하는 것입니다.

그럼에도 불구하고 인센티브 제도, 조직 구성, 정책, 금융시장과 경제지표는 항상 '더 많이!'라는 한 가지 목표만 추구합니다. 결과적으로 이 특별한 형태의 불행을 극복하기란 매우 어려운 일입니다.

성장 일변도는 인생을 결코 행복하게 만들어줄 수 없다는 점이 카서가 발견해낸 물질주의의 두 번째 측면입니다. 환경 중심으로 물질을 다루거나 사회적 관계를 중시하는 가치관은 물질주의 가치관과 말하자면 시소게임을 벌입니다. 한쪽이 올라가면 다른 쪽은 내려갑니다. '호모 이코노미쿠스'의 관점이 문화와 사회를 지배하는 한, 모든 것의 중심은 지위와 권력과 돈입니다. 동시에 공감과 너그러움과 환경에 대한 바른 의식은 지워집니다. 어느 정도면 충분한지, 어떻게 해야 사회 전체의 안녕에 기여할 수 있을지에 대한 물음도 지워지기는 마찬가지입니다. 그리고 각 개인 안의 '우리'가 갈수록 작아지면서 사회 전체가 균열되는 심각한 위기가 발생합니다.

하지만 카서의 연구가 나쁜 소식만 들려주는 것은 아닙니다. 가치의 시소게임은 반대로도 작동합니다. 공동체와 생태의 가치가 높아지면, 물질적 가치는 낮아집니다. 그리고 컨베이어벨트가 돌아가는 속도는 느려집니다.

이에 본Bonn대학교의 행동경제학자 아르민 팔크Armin Falk°는 기후변화 시대의 정언명령을 제안했습니다.

"네가 하고자 꾀하는 것이 동시에 누구에게나 통용될 수 있도록 행동하라!"[39]

이제 돌연 모든 것이 간단해 보이지 않나요?

그러나 구매와 소비를 덜 하면 상품의 판매 속도도 떨어집니다. 이런 매출 감소는 오늘날과 같은 투자와 세금과 대출이라는 조건 아래서 당연히 불황을 이끌어옵니다. 바로 그래서 우리는 소비자로서의 역할만이 아니라, 양식 있는 시민의 역할도 고려해야 합니다. 시민으로서 우리는 지속성이라는 의제를 경제성장의 부수적인 사안으로 다루지 않고, 직접 지속적 소비와 생산과 투자를 목표로 하는 정책 변화를 주도해야 합니다. 간단하고 확실한 공식은 없냐고요? 있습니다. 그리고 우리는 이미 앞서 이 공식을 살펴보았습니다.

"성장은 수단이지 절대적 목적이 아니다!"

이 공식으로 우리는 '이스털린 역설', '제번스의 역설', 그리고 '선택의 역설'로부터 빠져나올 수 있습니다. 이제는 작은 생태 발자국으로 높은 품격의 인생을 누릴 새로운 사회계약이 맺어져야 합니다. 우리는 이 변화를 충분히 일궈낼 수 있습니다.

○ 독일 경제학자로, 실증적 경험에 기초해 경제 행동 모델을 주로 연구하면서 경제는 이기심이 아닌 사회적 공정성과 신뢰에 좌우된다고 주장한다. 여기에서 언급한 정언명령은 칸트가 정리한 "너의 준칙이 보편적 법칙이 되게 하라."는 정언명령에서 따온 것이다.(옮긴이주)

부유한 서구 사회가 보이는 소비 행동은 오로지 비용을 외재화함으로써 가능합니다. 소유와 사회적 지위를 자존감의 간판으로 내세운다고 우리가 행복해지는 것은 아닙니다. 사회에서 소비의 성격과 비중을 바꾸는 것이야말로 지속성으로 나아갈 중요한 열쇠입니다. 이런 변화에서 중점적으로 고려해야 하는 것은 사회적 목표가 곧 생태적 목표가 되도록 조화와 융합을 꾀하는 일입니다.

시장과 국가:
공익을 위해서라면
국가가 시장을 규제하는 게 마땅하다

복잡계 경제학은 경제라는 것이 일종의 정원과 같아서 절대 완벽한 균형이나 정체 상태를 보이지 않으며, 항상 성장하거나 위축하며 부침을 거듭한다는 점을 확인해준다. 그리고 버려진 정원처럼 그냥 알아서 움직이라고 내버려둔 경제는 건강하지 못한 불균형에 빠지는 경향을 보여준다.

— 에릭 리우Eric Liu & 닉 하나우어Nick Hanauer ○

○　에릭 리우는 빌 클린턴의 경제 자문 위원을 맡았던 중국계 미국 경제학자다. 닉 하나우어는 벤처 창업 투자를 전문으로 하는 미국 기업가다. '복잡계 경제학 Complexity economics'은 인간과 사회와 환경 등 여러 분야에 복잡하게 얽힌 요소 및 현상을 종합적으로 다루는 경제학이다. (옮긴이주)

이타카Ithaca는 미국 뉴욕주에 위치한 작은 도시로, 많은 노벨상 수상자를 배출한 코넬대학교로 잘 알려진 곳입니다. 1950년대까지 도시를 찾아갈 가장 확실하고 저렴한 방법은 철도를 이용하는 것이었습니다. 물론 당시에도 버스와 자동차가 다닐 도로는 갖춰져 있었으며, 이미 공항도 운영되었습니다. 그러나 철도는 날씨가 아무리 나빠도 상관없이 연중무휴로 운행했습니다. 20세기 중반부터는 자가용 이용자들이 계속 늘어났습니다. 열차는 폭설이 내려 빙판으로 자동차 운행이 어려울 때에만 이용했습니다. 결국 1950년대 말 철도 회사는 여객 운송 서비스를 중단하기에 이르렀지요. 이용객이 없어 이 서비스는 비경제적이라 판단되었기 때문입니다.

그로부터 몇 년 뒤 당시 코넬대학교 교수이자 경제학자인 알

프레드 E. 칸Alfred Edward Kahn은 철도 노선의 운명을 다룬 에세이를 한 편 썼습니다. 〈소소한 결정들의 폭거〉라는 이 에세이의 제목은 근본적으로 누구도 원치 않으며 최선이라고도 할 수 없는 결과가 나오는 모든 과정을 일컫는 유행어가 되었습니다.

철도 대신 승용차, 버스 혹은 비행기를 이용해 이타카를 찾거나 떠나는 사람들은 자신의 이해관계에 따라 지극히 개인적인 관점으로 합리적인 선택을 하고 행동했습니다. 그러나 이들은 그런 개인적인 관점으로 결국 철도가 사라지는 과정을 가속화했습니다. 개개인의 이해관계에 따른 결정이 전체로 모이면서 누구도 적극적으로 선택하지 않은 결과가 초래되고 만 것이죠.

어떻게 이런 일이 일어날 수 있을까요? 누구나 자신의 이득을 최대화하는 결정을 내릴 수 있는 자유 시장이 이 경우 어떻게 모두에게 손해를 끼치는 결과를 불러왔을까요? 모두가 오로지 자신의 이득에만 충실했기 때문 아닌가요?

경제학에서 소위 말하는 '시장의 실패Market failure'°라는 게 정말 있을까요?

핵심적인 질문은 대략 다음과 같습니다.

"생산자는 원하는 것을 생산할 자유를, 소비자는 원하는 것

° 시장이 기능을 잃어 자원이 효율적으로 배분되지 못하는 상태를 이르는 개념이다.(옮긴이주)

을 소비할 자유를 각각 누린다면 사회가 원하는 상품들이 생산되고 유통될 수 있을까?"

"시장은 과연 조정 역할을 잘 수행할 수 있을까?"

"시장은 사회에 꼭 필요한 공공재를 왜 지켜주지 못할까?"

국가와 시장과의 관계에서 국가가 맡아야 할 역할을 두고 벌어지는 많은 논란은 놀라운 일이 아닙니다.

공산권의 와해와 더불어 어떻게 해야 정의와 균형과 분배와 진보를 이루어낼 수 있는지, 또 국가는 이를 위해 어떤 역할을 수행해야만 하는지에 대한 답은 얻어진 것처럼 보였습니다. 정치적으로 지도력을 발휘할 만큼 했지만 국가는 결국 야경국가가 되고 말았습니다. 국가는 안전만 책임지는 게 마땅하다는 결론이 나왔지요. 심지어 미국의 정치학자 프랜시스 후쿠야마Francis Fukuyama°는 '역사의 종언'을 말했습니다. 1990년에는 글로벌한 세계경제의 우위를 주장하는 이른바 '워싱턴 합의Washington consensus'∞가 발표되었으며, 1994년에는 '세계무역기구World Trade Organization, WTO'가 창설되었습니다.

° 1952년생의 미국 경제학자로, 일본계 3세다. 역사를 자유주의 대 공산주의의 대결로 설명하고 공산권이 무너지면서 자유주의가 승리했다고 선언했다. 《The End of History and the Last Man》은 1989년에 발표된 논문을 기초로 1992년에 단행본으로 출간되었다. (옮긴이주)

∞ 미국 행정부와 국제통화기금, 그리고 세계은행이 미국식 시장경제를 개발도상국의 발전 모델로 삼자고 합의한 것을 이르는 표현이다. (옮긴이주)

그로부터 약 10년 뒤 저는 멕시코의 칸쿤Cancún에서 수백 명의 시위대와 함께 바리케이드 앞에 서 있었습니다. 그 뒤에는 146개국의 장관들이 WTO 각료 회의를 위해 모였습니다. 의제는 글로벌 농업 교역으로 비롯된 각종 후유증의 대처 방안이었습니다. 저는 그 당시 'BUND'의 자원봉사자로 시위에 참여해 글로벌 농업 교역을 반대하는 목소리를 높였습니다. 그때까지 이루어진 농업의 글로벌화는 심각한 환경 문제를 야기한다는 사람들의 의견에 흔쾌히 동의했기 때문입니다. 무엇보다도 농업의 글로벌화는 북반구의 다국적 기업들에게 이득을 몰아주었고, 그 부담은 영세한 농민들에게 고스란히 떠넘겼습니다. 남반구의 농민들은 북반구의 정부 지원금을 받는 농민들보다 훨씬 더 큰 피해를 보았습니다.

WTO 각료 회의를 반대하는 최대 규모의 시위가 벌어지던 날, 제게서 불과 몇 미터 떨어지지 않은 곳에 있던 어떤 남자가 바리케이드 위로 올라가더니 칼로 자신의 배를 갈랐습니다.

우리 모두는 엄청난 충격을 받았습니다.

이 남자의 이름은 이경해였습니다. 나중에 들은 이야기인데, 그는 한국 출신의 56세 농부였습니다. 이경해 씨는 한국 농업의 위대한 스승으로 섬겨지던 인물입니다. 소를 키우는 가축 농장을 운영했으며, 농대생들에게 자연 친화적인 축산을 가르치고 자신의 농장을 실습장으로 제공했다고도 합니다. 그러나 한국 정부가 소고기 수입의 문호를 개방하고 대량 사육된 호주산 값싼 소고기가 시장을 점유하면서 이경해 씨는 더는 경쟁할 수가 없었습니다. 그는 가축 농장과 땅을 은행에 잃었습니다. 문제는 그가 이런 어려움을 겪은 유일한 한국 농부가 아니었다는 점입니다. 그는 여러 차례 사람들에게 농민들의 피해를 알리려 시도했으며, 신자유주의 시장 정책의 폐해에 항의할 마지막 방법으로 멕시코까지 건너왔습니다.

어쩌다가 한국의 농부가 멕시코까지 찾아와 자살해야만 했을까요? 국가와 시장과 공공의 안녕이 서로 맞물려 돌아가는 오늘날 이 사건은 우리의 삶을 두고 어떤 이야기를 들려주고 있을까요?

소비에트가 붕괴하고 30년 동안 세계는 유례를 찾아볼 수 없는 변화를 겪었습니다. 글로벌이라는 기치 아래 많은 국가들이 규제를 철폐했으며, 투자와 금융 거래를 위한 새로운 국제적 안전장치를 구축했습니다. 전 세계를 포괄하는 가치 사슬이 생겨난 것이죠.

그런데 이 가치 사슬은 몇몇 소수의 대기업이 지배했습니다. 이를테면 농산물 교역은 그동안 다섯 개의 기업이 전체 수출과 수입 물량의 70%를 장악했습니다.[40] 이 기업들의 시장가치는 웬만한 국가의 GDP보다 높습니다.[41]

기업 가치만 놓고 볼 때 정상의 자리는 디지털 기업들이 차지합니다. 이 기업들은 생산과 영업에 유리한 인프라뿐만 아니라 무엇보다도 낮은 세금과 함께 높은 보조금을 주는 국가로 본부를 간단하게 옮겼습니다.

'인간과 행동'이라는 제목의 장에서 이미 살펴본 것처럼 본래 기업들을 서로 비교하는 기준이었던 경쟁력은 오늘날 국가를 평가하는 지표로 변모했습니다. 기업들은 이제 세계의 한쪽 끝에서 다른 쪽 끝까지 국가들의 노동 규정, 복지 분담금, 법 규정, 환경 법안 등을 마음껏 비교해가며 입맛대로 입지를 고릅니다. 심지어 그동안 기업을 대리해 각국의 정부를 상대로 소송을 벌이는 데 특화한 법무법인까지 생겨났습니다. 기업이 투자하고 기대한 만큼 이득이 나오지 않으면 해당 국가의 환경 및 사회정책을 상대로 소송을 벌여 배상을 얻어내려는 것이 그 속셈입니다.

'과점oligopoly'은 지극히 소수의 몇몇 기업이 경쟁 상대가 거의 없이 공급 영역을 장악한 시장 형태를 이르는 표현입니다. 시장을 지배하는 이런 기업은 국제적 차원에서 마음껏 휘젓고 다니는 반면, 자국 기업의 파산을 감당할 수 없기 때문에 국가는 자국 기업을 보호하는 국가적 차원에 머무를 수밖에 없습니다. 이 다국적 기업이 철수하게 내버려두기에는 세수와 고용 등의 문제가 너무 크기 때문이죠. 2008년에 금융 위기가 빚어졌을 때 정부는 국민의 세금으로 대형 은행에 막대한 지원금을 제공했습니다. 그냥 놓아두었다가는 전 세계적인 금융 시스템이 무너지기 때문입니다. 소소한 결정들의 폭거는 이제 거물들의 폭거로 변모했습니다.

자국민의 이해를 대변하고 공공의 안녕을 수호해야 마땅할 국가가 어쩌다 이렇게 수세에 몰리게 되었을까요?

시장이 공급과 수요의 균형을 잡아주는 역할을 한다는 통설을 액면 그대로 받아들인다면, 오늘날 경제의 기본 모델은 오로지 두 행동 주체만 보여주어야 합니다. 한쪽은 생산자 혹은 기업이며, 다른 쪽은 소비자 또는 가계입니다. 이 모델에서 국가는 전혀 등장하지 않습니다. 혹 역할을 한다고 해도 국가는 구매자일 뿐입니다. 그러나 구매자로서 국가는 재화와 서비스 생산을 조직할 규칙과 인센티브를 얼마든지 활용할 수 있고, 공급과 수요의 균형을 맞추기도 합니다. 따라서 시장 역할만 강조하는 기본 모델은 국가의 이런 기능을 무시하는 잘못된 관점입니다.

그런데 놀랍게도 오늘날 벌어지는 경제 현안을 둘러싼 정치적 논쟁은 시장 의존적 관점에 물든 나머지 국가의 적극적 기능을 부정하려 듭니다. 이 논쟁에서 특히 두드러지는 주장은 세 가지입니다. 이 주장들은 일종의 자명한 전제처럼 당연시되나, 그 내용을 곰곰이 따져보면 굳어진 선입견이기도 합니다.

그럼 차례로 살펴보겠습니다.

첫째, 국가의 통제(규제 정책)는 혁신을 어렵게 만들고 발전을 가로막는다.

둘째, 시장과 기업은 언제나 국가보다 더 나은 해결책을 알고 있기 때문에 되도록 자유롭게 행동하도록 제한하지 않는 것이 좋다.

셋째, 규제와 금지는 시장 참여자들의 자유를, 특히 소비자들의 자유를 침해한다.

과연 이 세 가지 전제가 맞는지 차분하게 살펴볼까요?

가치 개념의 발달사와 관련해 이미 만나본 바 있는 마리아나 마추카토는 몇 년 전 《기업가형 국가The Entrepreneurial State》라는 놀라운 책에서 국가와 시장이 중요한 혁신을 이루는 데 서로 어떻게 맞물려 작용하는지 면밀하게 살폈습니다.

그녀는 세계에서 가장 기업 가치가 높은 '애플'을 예로 들어 '아이폰'의 성공 비결을 일궈낸 숱한 기술, 이를테면 인터넷, GPS, 터치스크린, 성능 좋은 배터리 또는 음성 인공지능 비서 '시리Siri'의 근본이 무엇인지 설명합니다. 이런 기술들은 공공의 재원을 투입한 연구로 개발된 것입니다. '애플'의 전설적인 회장 스티브 잡스Steve Jobs가 마케팅 천재일 수는 있습니다. 그의 직원들이 디자인 천재일 수 있다는 점도 저는 부정하고 싶지는 않습니다. 다만 기술 문제에서 이들은 기존에 이미 나온 것들을 조합해냈을 따름입니다. 그리고 이 기술의 개발을 국가가 적극적으로 지원했습니다. 다시 말해서 진정한 혁신의 주도자는 국가라고 마추카토는 강조합니다.

마추카토는 철도, 우주비행, 원자력발전소, 컴퓨터, 인터넷, 나노기술 또는 약제 연구를 차례로 꼽아가면서, "자본주의를 선도해온 대부분의 파격적인 혁신은, 일찌감치 과감한 결정과 자본 집약적인 사업 투자를 해온 국가 덕분이다."라고 설명합니다.[42]

혹자는 국가의 기술 개발 투자가 주로 군사적 목적으로 추진된 게 아니냐고 반론을 제기합니다. 하지만 그렇다고 하더라도 중대한 기술혁신에서 국가가 결정적 역할을 했다는 진단이 반박되는 것은 아닙니다.

그럼에도 '애플'과 같은 기업은 그 경제적 성공을 국가가 주도하는 사회구조 덕분에 이루었다는 사실뿐만 아니라, 바로 그러한 이유로 성실하게 납세를 해야 한다는 의무까지도 애써 무시합니다.

영국의 단체 '페어 택스 마크Fair Tax Mark'(공정 세금 인장)는 실리콘밸리의 6대 기업, 곧 애플, 아마존, 페이스북, 구글, 마이크로소프트, 넷플릭스가 2010년에서 2019년 사이에 교묘한 절세 방법을 총동원해 약 1천억 달러의 세금을 내지 않았다고 밝혔습니다.[43] '아마존'만 해도 회계연도 2018년에만 110억 달러의 수익을 올렸음에도 미국 세무 당국으로부터 1억 2900만 달러의 세금 통지서를 받았을 뿐입니다. 오랜 세월 동안 '아마존'의 세율은 고작 3%였습니다.[44]

'에어비앤비Airbnb' 같은 기업은 사업 모델을 위해 세금으로 건설된 공공 인프라를 이용함에도 이 인프라의 유지와 보수에는 일절 책임을 지지 않습니다. 매력적인 도시에, 그것도 저가 항공으로 도달할 수 있는 도시에 사는 시민은 이 플랫폼을 통해 관광객에게 자신의 집을 세주고 벌어들이는 수입이 만족스러울 수 있습니다. 관광객도 호텔보다는 싼 가격에 숙박을 할 수 있어 좋다고 생각할 것입니다. 그러나 갈수록 이 서비스를 이용하는 사람이 많아지면서 이른바 '명소'에 가면 토박이를 거의 찾아볼 수 없는 지경에 이르렀습니다. 치솟는 임차료를 감당할 수 없거니와, 겉보기만 화려하게 꾸민 유령 도시가 생겨나기 때문입니다. 그렇게 되면 관광객도 변해버린 환경에 놀라 저절로 발길을 돌릴 것입니다.

개인의 이해관계만 따지고 전체적인 관점을 등한시할 때는 오히려 개인의 이득까지 무너지고 맙니다. 이런 것이 소소한 결정들의 폭거가 빚어내는 왜곡된 결과입니다. 개인의 이해관계를 총합해 실제로 공동체에 유익한 성과가 나오는지 살피는 높은 차원의 관점은 꼭 필요합니다. 개별적 이득을 극대화하기보다 공동체의 안녕을 최우선 과제로 해결하는 국가의 역할은 바로 그래서 중요합니다. 전체를 굽어보는 상급 기관으로서의 국가는 장기적인 안목에서 오히려 개인의 이해관계를 보호해주기도 합니다. 장기적인 예측으로 공동선을 추구하는 것이야말로 국가 본연의 임무입니다.

"보이지 않는 손에 끌려다니다 보면 사람들이 자발적으로 왜곡되어 바람직하지 않은 목표를 추구하는 일이 벌어질 거라는 점은 쉽게 상상이 가고도 남는다."

조지메이슨대학교George Mason University에서 '프리드리히 하이에크 프로그램Friedrich Hayek program'을 가르치는 경제학자 카렌 본Karen Vaughn이 쓴 글입니다. 신자유주의의 아버지라 불리는 하이에크 전문가인 카렌 본이 시장을 적대적으로 보았을 리는 만무합니다. 그래서 그녀의 다음 진단은 더욱 의미심장합니다.

"인간 활동의 의도하지 않은 결과로 빚어지는 상황이 바람직한지 아닌지 최종적으로 판가름해주는 것은 사회의 규칙과 제도다. 그리고 사람들에게 실제적인 대안을 제시해줄 지도력이 중요하다."

존 메이너드 케인스는 국가의 역할을 이렇게 정리했습니다.

"국가의 가장 중요한 역할은 개인이 사적으로 벌이는 활동에 관여하는 게 아니라, 국가가 내리지 않는다면 누구도 내릴 수 없는 결정을 하는 일이다."[45]

케인스 역시 국가의 시장 간섭을 부정하지 않고, 수요와 공급의 균형을 맞추기 위한 지극히 정상적인 선택이라고 보았습니다. 상품과 서비스뿐만 아니라 수출과 수입, 통용되는 화폐의 양과 외환 거래 시장도 국가가 관리해야 합니다. 저라면 이런 진단에 다음과 같이 덧붙일 것입니다.

"자연 또는 미래 세대가 착취와 불이익을 방어할 수 없을 때에도 국가가 나서야 한다."

문제는 오늘날 국가가 이런 역할을 알기는 할까 하는 것입니다. 그리고 안다면 이에 충실한 행동을 보이고 있는지도 궁금합니다. 우리가 일상생활에서 자주 경험하는 아주 간단하고도 분명한 예를 들어보겠습니다. 요즘에는 온라인으로 상품을 주문하고 반송하는 경우가 빈번합니다. 밤베르크대학교 연구팀이 조사한 바에 따르면[46] 독일 국민은 2018년에 인터넷으로 주문한 상품을 여섯 개 가운데 하나꼴로 반품했다고 합니다.[47] 원하는 물건이 아니거나, 다른 곳에서 더 싼 가격에 구입할 수 있거나, 사이즈가 맞지 않는다거나, 일단 물건부터 살펴보고 싶어 주문했다가 반송시키는 등 이유는 다양합니다. 이렇게 해서 독일에서는 매년 2억 8천만 개의 택배가 반품됩니다.

연구팀의 조사에 응한 139명의 상인들은 반품 수수료를 3유로 정도로 책정하면 소포의 개수가 8천만 개로 줄어들 것이라고 답했습니다. 그러면 배송에 드는 연료를 줄일 수 있어 약 4만 톤의 이산화탄소를 절감하는 효과가 나타납니다. 4만 톤은 1년 동안 4천 명의 독일 국민이 발생시키는 이산화탄소의 양입니다. 다시 말해서 3유로 정도의 택배 반송 수수료로 4천 명의 독일 국민은 완전한 '기후 중립climate-neutral'°의 삶을 누릴 수 있습니다.

그런 반품 수수료를 이미 책정한 기업은 대부분 중소 유통 업체입니다. 이들은 수수료 탓에 매출이 줄어들지 않는다고 말합니다. 반품 비용 부담이 예전처럼 크지 않아 수익성도 떨어지지 않았습니다. 조사에 응한 대다수 중소 업체는 기꺼이 반품 수수료를 받았으면 좋겠다는 입장이지만, 대기업을 상대로 경쟁력을 잃게 될까 봐 걱정했습니다. 결국 보이지 않는 손에 의지해서 시장은 수수료 문제에 합의를 도출할 수 없습니다. 이런 경우 국가가 개입해 규칙을 정해야 합니다.

'아마존'이나 '잘란도' 같은 대형 온라인 유통 업체는 반품 수수료 도입을 반기지 않을 게 분명합니다. 큰 규모로 반품에 드는 비용을 감당할 뿐만 아니라, 중소 업체의 시장 진입을 어렵

○   개인이나 회사, 단체가 이산화탄소를 배출한 만큼 이산화탄소를 흡수하는 대책을 세워 이산화탄소의 실질적인 배출량을 0으로 만든다는 개념이다.

게 만들 수 있기 때문입니다.

온라인 주문을 즐기는 통에 그만큼 많이 반품하는 사람들도 수수료 도입을 반기지 않을 수 있습니다. 주문하기 전에 정말 필요한 물건인지 면밀히 살피고 고민해야 하거니와, 수수료가 못마땅할 수 있기 때문입니다.

하지만 그렇다고 해서 반품 수수료가 전혀 무의미한 것은 아닙니다. 반품 수수료는 환경에 주는 부담을 덜어줄 뿐만 아니라, 일반적인 형태로 도입된다면 누구에게도 특별히 손해를 주지 않습니다. 다만 생산자도 소비자도 서로 눈치를 보느라 반품 수수료 도입을 쉽게 결정할 수 없는 것입니다. 바로 이런 경우 국가가 나서야만 합니다. 국가가 아니라면 누구도 이 문제에서 결정을 내릴 수 없습니다. 이것이 바로 케인스가 말한 '의도'입니다.

누가 정확히 이 문제의 핵심을 정리해냈는지 알고 있습니까? 1933년 지난한 경제 위기를 극복하기 위해 미국 대통령 프랭클린 D. 루스벨트Franklin D. Roosevelt는 뉴딜 정책을 내놓았습니다. 루스벨트가 국민에게 보낸 호소문을 글자 그대로 옮겨보겠습니다.

"정직하지 않은 10%가 값싸게 상품을 생산하는 통에 정직한 90%는 어쩔 수 없이 불공정한 조건을 받아들여야만 한다. 이런 경우 국가의 역할이 필요하다. 국가는 해당 산업계를 연구하고 적절한 계획을 수립해 이 업계의 다수 지원을 받아 불공정 행위를 막고, 이런 합의를 정부의 권위로 관철시킬 권리를 가지며, 앞으로도 권위를 행사할 것이다."⁴⁸

　흥미롭지 않습니까? 국가와 시장 참여자들은 명확한 규칙으로 경제를 올바른 방향으로 이끌도록 팀을 이루어야 합니다.

　국가와 시장의 관계를 다룬 경제학의 고전적 이론도 자유와 책임은 동전의 양면과 같다고 봅니다. 이른바 '질서 자유주의 Ordoliberalism'°를 신봉하는 경제학자들은 '결정권'과 '책임'이 같은 말이라고 이야기할 것입니다. 독일의 헌법은 사유재산에는 의무가 있다고 규정합니다. 그러나 오늘날의 글로벌 금융 시스템과 디지털 세상에서는 자유와 책임을 두루 살피는 태도를 찾아보기가 힘듭니다.

　독일의 경제윤리학자 토마스 베쇼르너Thomas Beschorner는 자신의 책《현기증 일으키는 사회In schwindelerregender Gesellschaft》에서 자유와 책임의 이런 부조화를 '현대사회의 균형 감각 상실'이라 묘사합니다. 그리고 이런 어지러움을 국가와 시장이 더는 적절하게 서로 보완하지 못하는 '반 토막이 난 자유주의'라 말

○　고전적인 자유주의에 국가의 개입을 강조하는 경제 이론으로, 자유주의의 독일식 변형이다.(옮긴이주)

합니다. 그는 시장을 다루는 정책은 경제뿐만 아니라 윤리도 고려해야 한다고 주장합니다. 이런 정책이 이기적인 행동을 제 어하면서 도덕적 행동을 장려할 수 있도록 자극을 주어야만 합 니다.[49]

국가와 시장은 서로 떼려야 뗄 수 없이 맞물려 있습니다. 공 익을 위해 국가는 시장을 규제하는 게 마땅합니다. 그런데 시 장이 자기가 주인이라고 하면서 마음대로 요구하고 무조건 적 응하라고 큰소리쳐도 될까요? 어쨌거나 제가 알기론 그런 시 장은 없습니다.

그럼에도 반 토막 난 자유주의는 오랜 세월 동안 환경 파괴 의 책임을 시민에게 떠넘겨왔습니다. 환경을 위협하는 요소를 담은 상품을 구매하고 소비하는 쪽은 개인이라는 것이 그 논리 입니다.

"환경을 위해 무엇인가 하고 싶은 사람은 친환경 상품을 소 비하면 되지 않는가?"

이것이 시장의 주장입니다. 이는 곧 환경보호의 민영화에 지 나지 않습니다. 경제는 책임을 의식하는 소비자에게 그럴싸한 상표를 붙여 양심을 달랠 수 있게 해주는 꼼수를 부리며 속으 로 비열한 미소를 짓습니다. 정부 역시 규제 방안을 마련하고 무엇인가 금지시킬 불편한 과제를 피할 수 있어 회심의 미소를 지을 뿐입니다.

어쩌다가 우리는 이 지경까지 이르렀을까요?

독일에서 유기농 식품의 시장 점유율은 그동안 유기농 시장이 새롭게 문을 열었음에도, 또 유기농을 취급하는 대형 할인마트가 늘었음에도 10%를 넘기지 못하는 수준에 머무릅니다. 친환경 육류의 경우는 더욱 초라해서 고작해야 2%이며, 종류에 따라서는 1%도 안 됩니다.[50]

지구상 가장 부유한 국가 가운데 하나인 독일이 고작 10%의 국민만 유기농 식품과 친환경 육류를 누릴 형편인 걸까요? 저는 그렇게 생각하지 않습니다.

오히려 오늘날의 농산물 시장은 지속성을 중시하는 소비를 장려하기보다 어렵게 만들고 있습니다. 우리가 '소비'를 다룬 장에서 보았듯, 많은 상품의 가격에는 그 생산에 들어간 진짜 비용이 반영되어 있지 않습니다. 이는 식품도 마찬가지입니다.

무슨 일이 벌어지고 있는지 짐작이 갑니까?

지속성을 중시하면서 생산된 친환경 식품이 너무 비싸서 그런 것은 아닙니다. 다만 공장을 돌리듯 대량생산된 식품이 너무 싼 것입니다. 그리고 독일 국민의 육류 소비는 너무 과합니다. 인간과 동물과 지구의 건강을 위협할 정도로 너무 많은 고기가 소비되고 있지요.[51]

그럼 대체 무엇을 어떻게 해야 좋을까요?

해답은 농업 지원금 제도의 개혁입니다. 개혁은 산업적으로 대량생산된 식품과 친환경 식품의 가격 차이를 줄이는 방향으로 나아가야 합니다.

그러나 늘 그렇듯 사안을 다른 관점에서도 살피는 것이 좋습니다. 먹는 양을 줄이지 않아도 됩니다. 우리는 어차피 식비를 그리 많이 쓰지 않습니다. 실제로 독일 가정이 식료품에 지출하는 비용은 지난 50년 동안 25%에서 14%로 줄어들었습니다. 반대로 주거 비용은 1993년부터 최상위 부자 20%를 제외하고는 거의 모든 사람에게 폭발적으로 늘어났습니다. 부자들의 주거 비용은 50년 전에 비해 9% 줄어들었습니다. 그러나 소득 하위 20% 계층에게 주거 비용은 27%에서 39%로 상승했습니다. 이런 차이는 자가自家냐 월세냐에 달려 있습니다. 월세는 지난 10년 동안 급격히 올랐습니다.

또 소득 하위 계층의 수입이 화폐가치 대비 실질적으로 많이 줄어들었다는 점도 하나의 원인입니다.[52] 낙수 효과? 그런 건 없습니다! 인간이 생명을 유지하기 위해 쓰는 비용이 역전된 세상에 온 것을 환영합니다. 굳이 말하자면 '생명 수단'에 쓰던 돈을 이제 사람들은 '사망 수단'을 위해 씁니다.°

° 식료품을 뜻하는 독일어 단어 'Lebensmittel'은 글자 그대로 옮기면 '생명 수단'이다. 저자는 이에 빗대 생명체가 아닌 무기물, 곧 집을 'Totmittel'(사망 수단)이라고 표현했다. 이런 함의를 살리기 어려워 독일 단어를 직역했음을 밝혀둔다. (옮긴이주)

생물 다양성을 중시하며 보다 더 건강한 토양과 이산화탄소 배출 제어, 그리고 더 좋은 지하수를 쓰는 지속적 농업으로 생산된 유기농 식품은 너무 비쌀까요? 주거 생활에 그처럼 많은 돈이 들어가야만 할까요? 2010년부터 폭발적으로 치솟는 토지 가격과 임차료와 물가에 대처하기 위해 우리는 새로운 농업 정책, 주거 정책, 최저임금 조정을 필요로 할까요? 도대체 공동체를 우선시하는 재무 정책, 농업과 주거와 임금 문제를 해결할 정책은 왜 입안되지 않을까요?

앞서 가치 창조와 가치 왜곡을 구분했던 것이 기억납니까? 바로 그래서 우리는 가치와 가격이 어떻게 맞물리는지에 대한 물음을 세 번이나 다루었습니다. 숫자로 표시된 가치와 가격은 가치중립적인 것이 전혀 아닙니다. 세상에서 일어나는 모든 현상을 숫자로 표시하는 일은 어디까지나 우리의 가치 결정입니다. 그리고 모든 가치 결정은 우리가 무엇을 주목하고 평가하는지 그 세계관을 반영합니다. 정책이 공정한지를 평가하는 문제도 세계관에 좌우됩니다. 그리고 정책은 언제나 가격 결정에 영향을 미칩니다.

그러니까 규제를 하느냐 마느냐, 인센티브를 주느냐 마느냐, 세금을 매길 것이냐 아니냐 하는 것이 문제가 아닙니다. 오히려 우리는 '새로운 현실'에서 어떤 게 맞지 않는지, 환경을 망가뜨리는 쪽으로 작용하는 게 무엇인지, 친환경적인 생활 방식을 방해하는 게 무엇인지부터 물어야만 합니다.

　시장은 규제로부터 자유로운 공간이 아닙니다. 오히려 시장은 규제를 받아야만 하는 공간입니다. 이런 규제를 정하는 법칙은 우리가 어떤 자유를 가지는지, 우리에게 무엇이 금지되어 있는지, 우리가 어떤 혁신을 추구해야 하는지 그 큰 방향성을 알려주어야 합니다.

　법이 없었다면 노예제도는 사라지지 않았을 것입니다. 개인의 이득과 편리만 중시한다면 노예제도만큼 호사스러운 사치가 또 있을까요? 법이 있기에 우리는 하루 여덟 시간 근무를 하고, 일하지 않고 쉴 수 있는 주말을 누릴 수 있습니다.

　미국 언어학자 조지 레이코프George Lakoff는 자신의 책 《누구의 자유?Whose Freedom?》에서 무엇으로부터 벗어나는 자유만이 아니라, 원하는 방향으로 나아갈 자유도 있다고 설파합니다. 그리고 원하는 방향으로 나아갈 자유를 계몽주의의 시작부터 관철해온 것은 바로 국가의 개입, 곧 규제라고 보았습니다. 국가의 규제가 학문과 연구의 자유를 키워왔으며, 대학교를 세우고, 공공의 보건 체계를 구축하고, 집회와 의사 표현의 자유를, 법 앞에서 모든 시민의 평등함을 장려해왔습니다. 이처럼 국가의 규제는 자유의 문을 활짝 열어젖혔습니다. 그렇게 따지면 국가의 규제와 보증이 없는 금융시장도 전혀 생각할 수 없는 것입니다.

국가의 감독이 없다면 누가 자신의 집을 매달 은행 계좌에 몇 개의 디지털 숫자가 찍히게 해준다는 문구가 들어간 종이 몇 장에 다른 사람에게 넘길까요? 국가가 계약 위반을 처벌하기 때문에 이런 계약 거래가 이뤄질 수 있습니다. 게다가 국가는 계좌에 찍힌 디지털 숫자가 청구권을 가진다는 것을 보증해주기도 합니다.

이런 이유로 영국의 중앙은행인 '잉글랜드은행Bank of England'이 발행하는 화폐에는 아주 특별한 문구가 찍혀 있습니다. 5파운드 화폐에 인쇄된 문구는 이렇습니다.

"나는 이 화폐의 소지자가 요구할 시 5파운드의 액수를 지불하기로 약속한다."(I PROMISE TO PAY THE BEARER ON DEMAND THE SUM OF FIVE POUNDS.)

한번 가슴에 손을 얹고 생각해봅시다. 자유가 보장된다고 해서 도로를 내키는 대로 달리며 교통법규 따위는 깨끗이 무시해도 좋은가요? 자유는 다른 사람의 안전과 건강을 위협하는 선까지 넘어가는 것일 수 없습니다. 나의 자유는 이런 경계를 지키는 한에서만 보장됩니다. 그리고 이 경계를 분명히 하기 위해 국가의 규제는 반드시 필요합니다.

어째서 지속적인 경제로 가는 길은 달라야 할까요?

미국 생태학자 개릿 하딘Garrett Hardin은 1968년에 쓴 그의 유

명한 논문 〈공유지의 비극The Tragedy of the Commons〉에서 시장이
어떻게 작동하는지 묘사했습니다.

공유지란 말 그대로 공동체가 함께 이용할 수 있는 땅을 말
합니다. 개릿 하딘이 예로 든 공유지는 농부들이 소를 풀어놓
는 목초지입니다. 목초지는 어떤 특정인의 재산이 아니기 때문
에 이를 사용하는 데 누구의 허락도 필요하지 않습니다. 그래
서 모두 자신의 소를 몰고 목초지로 나와 시간이 허락하는 만
큼 자유롭게 풀어놓습니다.

그런데 누구나 단기적으로 활용할 이득만 생각하느라, 목초
지의 장기적인 이용 가치는 안중에도 없다면 어떻게 될까요?
과도한 방목의 결과로 어느 정도 시간이 지나면 목초지는 황폐
해지고 맙니다. 소들을 풀어놔봤자 뜯어먹을 풀이 없습니다.
무분별한 남벌이 이뤄져 결국 모든 개인이 손해를 보는 것이
죠. 이런 경우가 규제 없는 공간 활용이 어떤 결과를 낳는지 보
여주는 전형적인 예입니다.

목초지에서 모든 개인은 그저 '호모 이코노미쿠스'로 행동했
을 뿐입니다. 규제를 받지 않는 시장은 실패할 수밖에 없습니
다. 보이지 않는 손의 조정은 오로지 몇몇 고전적인 생필품 거
래에만 제대로 작동할 뿐입니다.

그동안 거의 모든 경제학자들은 바다에서 이뤄지는 남획, 지
나친 비료 사용으로 말미암은 부영양화富營養化, 또는 열대림의

불법적 남벌처럼 공유재가 망가지는 것을 막기 위해 국가의 간섭이 필요하다는 입장을 취하기에 이르렀습니다. 국가는 공유재 이용의 명확한 규칙을 세우고 관리해야 합니다. 가장 최근의 심각한 공유재 훼손 사례는 대기권을 이산화탄소 쓰레기 처리장 취급을 한 것입니다.

대기권을 단 한 조각이라도 소유하는 일은 불가능하며, 누군가에게 당신은 대기권을 이용해서는 안 된다고 강제하는 것도 말이 되지 않는 이야기입니다. 인간과 기업과 국가가 공기로 배출하는 이산화탄소는 기후변화로 우리 모두에게 고스란히 되돌아옵니다.

이산화탄소를 마구잡이로 배출하는 불공정한 행위를 제한하며, 중장기적으로 해소할 수 있도록 가격에 '탄소세'를 충분히 반영하는 일은 국가가 맡아야 할 과제입니다. 국가는 장기적 전망으로 이 문제를 근원적으로 해결하겠다는 자세로 접근해야만 합니다. 공정하고 투명한 기업 활동을 지원하는 것만으로 국가가 할 일을 다 하는 것은 아닙니다.

아울러 우리 모두는 기후 문제를 해결하려는 개별 대책이 비용을 끌어올린다는 문제에만 집착할 게 아니라, 우리 인생의 중요한 기반을 지킨다는 전체적 관점으로 비용 구조를 살펴야만 합니다.

자원이 고갈되면 시장은 어차피 기능하지 않습니다. 시장은 모든 문제를 해결할 만능의 장치가 아닙니다. 그리고 국가는 자유를 제한하기만 하는 게 아닙니다. 국가의 규제 덕분에 자유가 비로소 생겨납니다. 새로운 현실, 꽉 찬 지구의 문제들을 해결하기 위해 우리는 절반의 진실만 고집하는 사고방식을 버려야만 합니다. 지구 전체가 가진 부족한 자원 문제는 비록 어렵게 보이기는 할지라도 글로벌 차원에서 전체를 균형 있게 살피는 사고방식으로만 해결의 실마리를 찾을 수 있습니다.

새로운 정의:
한정된 지구 자원을 어떻게 해야
공정하게 분배할 수 있을까

우리는 더 받아야 한다는 말을 많이 한다. 덜 받아야 한다는 말은 거의 하지 않는다. 우리는 입만 열었다 하면 더 많이 만들어야 한다고 말한다. 하지만 우리가 무엇을 덜 해야 하는지는 거의 말하지 않는다.

— 아난드 기리다라다스Anand Giridharadas, 저널리스트·저술가

몇 년 전 스웨덴의 생태학자 슈테판 괴슬링Stefan Gössling은 유명 인사들이 비행기를 얼마나 타고 다닐까 하는 의문을 품었습니다.[53] 대단한 명성을 자랑하는 사람들이 기후변화에 어떤 영향을 미치는지 알아내고 싶었나 봅니다. 흥미롭게도 이 의문은 그때까지 누구도 가져보지 않았던 것입니다. 우리 사회에서 유명 인사는 사람들이 기꺼이 추켜세울 만큼 성공한 인물입니다. 다시 말해서 유명 인사는 우리가 기꺼이 모범으로 삼고자 우러러보는 사람입니다. 예술가, 배우, 운동선수, 경제 리더, 정치가들이 있지요. 직업 때문이 아니라 사회적으로 영향력을 가진 사람도 있습니다. 이른바 '인플루언서influencer'들입니다. 이들은 기업 홍보에 막강한 영향력을 행사한다는 명분으로 기업으로부터 막대한 사례금을 받기도 합니다.

슈테판 괴슬링은 이런 인물들 가운데 열 명을 뽑아 2017년 그들의 비행 기록을 분석했습니다. 마이크로소프트 창업자 빌 게이츠를 비롯해 페이스북 대표 마크 주커버그Mark Zuckerberg, 가수 제니퍼 로페즈Jennifer Lopez, 호텔 상속녀 패리스 힐튼Paris Hilton, 토크쇼 진행자 오프라 윈프리Oprah Winfrey, 패션 디자이너 카를 라거펠트Karl Lagerfeld 등이 그 사람들입니다. 괴슬링은 개인 정보라 쉽게 얻을 수 없을 거라고 여긴 비행 데이터를 이 유명 인사들의 SNS 계정을 통해 간단하게 얻어냈습니다. 자기들이 언제, 어디로, 무슨 일로 비행기를 타고 다니는지 트위터, 인스타그램, 또는 페이스북을 통해 죄다 밝혀놓았기 때문입니다. 이미지 관리 차원에서 이런 정보를 흘리는 유명 인사도 적지 않았습니다. 슈퍼리치의 라이프스타일을 고스란히 보여주는 이런 데이터는 거꾸로 그들이 돈을 어떻게 쓰는지를 확인시켜주기도 합니다.

연구 시점 당시 인스타그램에만 이 유명 스타들을 따르는 '팔로워'가 1억 7천만 명이었습니다. 이는 부자처럼 살고 싶다는 열망이 그만큼 크다는 방증일 것입니다. 연구에서 괴슬링은 이렇게 밝혔습니다.

"특히 젊은 층은 비행기를 자주 타는 것을 유명 인사의 특권으로 간주하는 경향을 보인다."

항공 여행을 자주하는 유명 인사의 명단에서 선두를 달리는 빌 게이츠는 2017년에 최소한 350시간을 공중에서 보냈습니다. 그는 주로 자가용 비행기를 이용했고, 이렇게 해서 1,600톤의 이산화탄소를 배출했습니다. 2위와 3위를 차지한 패리스 힐튼과 제니퍼 로페즈 역시 대부분 자가용 비행기로 여행하면서 1,200톤과 1,000톤의 이산화탄소를 각각 배출했습니다.

이런 것이 '정의'와 무슨 상관이냐고요?

과거에 사람들은 부유층의 라이프스타일이 빈민층과 극빈층의 생활과는 아무 상관이 없다고 여겼습니다. 그저 한쪽은 부자고, 다른 한쪽은 가난할 뿐이며, 이런 게 못마땅한 사람은 스스로 부자가 되고자 노력해야만 한다고 생각했습니다. 부자가 가난한 사람의 삶에서 대체 무엇을 빼앗아 가는지 반문했습니다.

과학이 기후변화의 정확한 원인을 알아냈을 뿐만 아니라 배출된 이산화탄소가 지구 대기권의 온도를 얼마나 끌어올리는지, 이런 기온 상승이 지구에 어떤 해를 끼치는지 정밀한 전망을 내놓으면서부터 부와 빈곤 사이의 연관은 심지어 숫자로 명확하게 드러났습니다.

2015년 유엔의 거의 모든 회원국이 참가한 파리 기후변화 회의는 산업화 이전을 기준점으로 삼아 지구온난화로 인한 기온 상승을 '섭씨 2도 이하'로 제한하기로 결정했습니다. 심지어 이후 속속 선보인 과학적 연구는 기온 상승을 '섭씨 1.5도 이하'

로 제한하면 기후변화의 심각성을 크게 낮출 수 있으며, 이를 바로잡을 비용도 크지 않다고 진단했습니다. 섭씨 1.5도의 경계를 지키자면 인류는 2017년 말부터 대략 420기가톤gigaton의 이산화탄소를 배출할 여력만 가집니다. 2020년을 기준으로 현재까지 매년 42기가톤이 배출되었으니까, 이 여력이 소진되기까지는 8년이 채 남지 않았습니다.[54]

섭씨 1.5도 이하로 온난화를 잡아둘 수만 있다면, 우리는 기후 중립을 실현할 수 있습니다. 이는 새롭게 배출되는 이산화탄소와 자연 또는 바다가 흡수하는 이산화탄소가 서로 균형을 이룬다는 뜻입니다. 8년도 채 남지 않은 시간 동안 이런 목표를 이룩한다는 것은 역사상 최대의 경제·기술·사회의 변혁이 성공해야만 가능합니다. 간단하게 말하겠습니다. 우리에게 남은 시간은 너무 부족합니다.

지구가 섭씨 1.5도 이상 뜨거워지지 않으려면 개인 한 명이 배출하는 이산화탄소 최대치는 2020년을 기준점으로 볼 때 연간 약 42톤입니다. 그럼 다시 빌 게이츠로 돌아가볼까요? 빌 게이츠는 1,080억 달러의 재산으로 세계에서 가장 돈이 많은 세 사람 가운데 한 명입니다.[55] 섭씨 1.5도 경계를 넘어서지 않게 지켜야 하는 이산화탄소 배출 허용량을 놓고 볼 때 빌 게이츠는 38명의 사람들이 난방, 이동, 소비 등으로 배출하는 이산화탄소를 혼자 만들어냅니다. 단 한 명이, 오로지 자신을 위해서만, 그저 비행기 타고 날아다니는 데만 말이죠. 그것도 SNS 에 단 1년 동안 올린 것만 계산해서 그렇습니다.

오늘날 우리가 맞닥뜨리는 상황은 많은 사람들이 자신에게 허락된 이산화탄소 배출량을 쓰지 못하고 몇몇 극소수의 부자 에게 그대로 퍼주는 것과 다르지 않습니다. 물론 모든 직업이 똑같은 활동을 하는 것은 아닙니다. 또 직업상 여행을 자주 다녀야만 하며, 세상의 다른 쪽 끝에 사는 가족을 만나고 싶어 하는 심리가 이해되지 않는 것도 아닙니다. 이 문제를 공평함과 정의로 싸잡아 이야기하는 일은 간단하지 않습니다. 지금의 논의는 그런 간단한 게 아닙니다.

이 경우 명백하게 부당한 것은 이처럼 과도하게 이산화탄소를 배출하는 유명 인사 가운데 누구도 자신의 라이프스타일을 진지하게 문제 삼지 않는다는 사실입니다. 그리고 그래도 좋다고 이들을 정당화시키는 것은 오로지 이들이 돈을 가졌다는 사실입니다. 이산화탄소를 발생시키는 자원을 원하는 대로 쓸 금전적 수단을 가졌다는 것이 그 엄청난 이산화탄소 배출의 근거입니다.

그러나 이들은 똑같은 돈을 가지고 다른 일, 뭔가 더 바람직한 일을 얼마든지 할 수 있습니다. 기후변화로 고통받는데도 돈이 없어 어려움을 그대로 감당해야만 하는 사람들, 치솟는 물가로 최소한의 식료품도 구할 수 없고, 폭설이나 폭우로 집을 잃었음에도 복구는커녕 아무것도 할 수 없는 사람들을 위해 비행기 타고 여행 다니며 이산화탄소를 쏟아내던 돈은 얼마든지 의미 있게 쓰일 수 있습니다. 지난 30년 또는 40년 동안 원인을 제공한 배기가스까지 계산한다면, 오히려 보상해주는 것이 마땅하지 않은가요? 더 나아가 이 막강한 재력을 자랑하는 유명 인사가 평생 동안 배출한 이산화탄소를 합산할 경우, 세계시민 한 명이 평균적으로 배출하는 양과 비슷해지려면 이들은 매년 엄청난 양의 이산화탄소를 들이마셔도 부족합니다.

자, 이런 상황이 공정한가요? 지금이라도 우리는 전체 맥락을 읽어야만 합니다. 우리는 오늘날 늘어난 인구로 빼곡해진 세상에서 지구의 한정된 자원에 맞춰 살 궁리를 해야만 합니다. 그러나 이런 제한을 우리는 아직도 온전히 깨닫지 못하고 있습니다. 그런 탓에 환경 훼손을 막기 위해 행동하려는 진지한 노력을 찾아보기 힘든 것이죠. 어떻게든 회피하고 외면하려 드는 통에 지구의 제한된 환경에 우리의 생활 방식을 맞추려는 시도는 이뤄지지 않습니다.

제가 보기에 이런 소극적인 태도가 빚어지는 원인은 아주 간단합니다. 한계가 있다는 사실을 사람들이 받아들이고 싶지 않기 때문입니다. 그러나 자원이 유한하다는 것, 지구 훼손의 한계가 분명히 있다는 점을 우리는 인정해야만 합니다. 파이가 계속해서 더 커지지 않는다 할지라도, 피할 수 없는 질문은 기존의 파이를 어떻게 나눌까 하는 것입니다. 생태계는 한 정된 양의 자원만 베풀 수 있으며, 한정된 양의 쓰레기와 배기 가스만 다시 소화해낼 수 있습니다. 따라서 고개를 드는 질문 은 누가 얼마나 소비하고 버리며 배출해도 되는지 하는 것입니 다. 환경 문제는 언제나 분배의 문제이며, 분배 문제는 항상 정 의의 문제입니다. 정의의 문제를 현재의 언론이 다루는 논리는 대개 이런 식입니다.

경제성장이 정의를 끌어올린다.
효율적인 기술이 정의를 끌어올린다.
지속적인 소비가 정의를 끌어올린다.

저는 이런 논리에 맞서 결국 파이가 커져야만 한다는 저 성 장의 신화가 계속 되풀이되고 있을 뿐이고, 이런 신화는 가짜 현실에 집착하기 위해 입맛에 맞게 꾸며낸 이야기일 뿐임을 누 누이 보여주었습니다. 조금만 살펴봐도 앞뒤가 맞지 않는 이 런 이야기에 왜 우리는 집착할까요? 무슨 사악한 의도로 그러 는 것이 아니라고 한다면, 해줄 수 있는 말은 정말 엄청난 착각 을 하고 있다는 것뿐입니다. 더욱 심각한 사실은 이런 엉뚱한 신화 탓에 지구의 한계를 유념하면서 자원을 어떻게 공정하게 분배할 수 있을까 하는 논의는 묵살되고, 계속해서 미래로 미뤄진다는 점입니다. 또한 지금껏 지구의 자원을 지나칠 정도로 과잉 소비해온 극히 일부의 특권층만이 계속해서 이득을 본다는 것도 엄연한 사실입니다.

그럼에도 우리가 귀에 못이 박이도록 듣는 이야기는 환경을 지키고자 하는 생태적 목표가 경제성장이라는 사회 목표와 충돌한다는 것뿐입니다.

패널 토론에서 자주 경험하는 일인데, 생태와 성장이라는 이 '뿌리 깊은 갈등'이 등장하면 사람들은 심각한 표정을 지으며 정말 어려운 문제라고 입을 모아 말합니다. 그런데 그들의 표정에서 일종의 안도감을 읽는 것은 저만의 감상일까요? 워낙 어려운 문제라 당장 무얼 어떻게 해야 좋을지 모르겠다는 말은 책임 회피에 지나지 않습니다. 패널 가운데 정말 가난한 국가와 그 국민을 대변하는 사람은 찾아보기 힘듭니다. 현재 생태계가 앓고 있는 몸살에서 인류와 사회의 최대 위기를 읽어내는 사람도 드뭅니다. 경제적 약자를 배려해 계속 소비를 끌어올려야 하기 때문에 환경 문제는 신경 쓸 여유가 없다는 주장마저 버젓이 등장합니다.

저는 정치가와 기업 총수, 노동조합 대표마저도 2019년 초에 프랑스에서 벌어진 '노란 조끼 시위Yellow vests movement'에 무척 고마워하는 눈치를 숨기지 않는다는 인상을 받았습니다. '노란 조끼 시위'는 정부의 유류세 인상, 곧 프랑스 정부의 에너지 전환 정책에 반대해 일어났습니다. 본래 이 시위가 표방한 목표인 '부의 공정한 분배'는 외면하고, 유류세 인상 반대를 빌미로 삼아 정계와 재계는 국민이 기후 정책은 원하지 않는다는 엉뚱한 결론을 내렸습니다.

그러면 국민이 어떤 기후 정책을 원하는지 물어보기는 했을까요? 그들은 생태와 사회정의 사이에 어떤 갈등이 있는 것처럼 꾸미는데, 환경 문제와 분배라는 사회정의는 서로 대립하는 게 아닙니다. 오히려 우리는 환경과 공정의 조화를 꾀하는 미래 지향적 정책을 고민해야 합니다. 사회정의라는 게 빈민층에만 초점을 맞출 게 아니라, 특권층이 더 큰 책임을 져야 하는 문제라는 통찰은 왜 철저히 외면당하죠? 지속가능한 경제를 일구기 위한 엄청난 변화를 요구하면서 부자와 가난한 사람을 가릴 거 없이 모두 일정 부분 희생을 각오해야 한다는 점을 납득시키지 못한다면, 과연 이런 변화가 성공적으로 이루어질까요? 프랑스 정부가 친환경 명분으로 유류세를 올리면서 부유세를 낮춘 것은 이런 측면에서 대단히 잘못된 접근 방식입니다.

바꿔 말해서 환경보호가 곧 조화로운 인간 사회를 이룰 핵심 요소라는 점을 납득시킬 수 있어야만 이 문제의 해결책을 찾을 수 있지 않을까요?

지난 세기의 가장 영향력 있는 정치철학자 가운데 한 사람인 존 롤스John Rawls는 1970년대 초에 분배 문제를 보는 새로운 관점을 제시했습니다. 롤스는 우리가 살아가는 세상이 품은 근본적인 모순을 이렇게 정리했습니다.

"세상을 쥐고 흔들 권력과 부를 가진 사람은 권력과 자원을 나누는 기존 질서를 바꿀 필요를 느끼지 못한다. 다시 말해서 기득권을 포기하고 보다 더 공정한 분배를 위해 스스로 나설 권력자와 부자는 없다. 반대로 달라진 새로운 질서로 이득을 볼 사람, 곧 가난한 사람과 힘없는 사람은 기존 질서를 바꿀 영향력을 가지지 못한다. 가진 자는 바꾸고 싶지 않고, 못 가진 자는 바꿀 힘이 없는 이런 딜레마는 좀체 풀 길이 없다."

이 딜레마를 이미지로 보여주기 위해 롤스는 이른바 '무지의 장막Veil of Ignorance'이라는 사고실험을 해보자고 제안합니다. 건너편을 볼 수 없는 커다란 장막 뒤에서 우리는 건너편이 어떤 세상일지 전혀 알 수 없습니다. 이런 상황은 탄생 이전과 비슷합니다. 자신이 어떤 피부색을 가지고 태어날지, 여성일지 남성일지, 어떤 나라일지, 과연 어떤 가족이 반겨줄지, 우리는 조금도 알지 못합니다. 저라면 여기에 '어떤 세대에 태어날지'도 덧붙이고 싶습니다.

빌 게이츠의 자식일 수도, 또는 방글라데시의 농부 자식일 수도 있습니다. 물론 이 사고실험에서 세상 최고의 갑부 집안에서 태어날 확률은 지극히 낮으며, 가난한 사람의 딸이나 아들로 태어날 확률은 훨씬 더 높습니다. 왜냐고요? 간단합니다.

세상에 부자는 손에 꼽을 정도이며, 가난한 사람은 엄청나게 많으니까요.

롤스가 이 사고실험으로 이끌어내는 물음은 이렇습니다.

"무지의 장막 뒤, 그러니까 앞으로 어떤 위치를 갖게 될지 모르는 상황에서 당신은 세상을 어떤 곳으로 만들고 싶은가요?"

문제를 풀 때에는 언제나 전체를 가늠하는 체계적인 관점을 가지는 것이 중요합니다. 그래야 개별적인 변수에 흔들리지 않고, 경우의 수를 두루 살펴야 목표에 이를 경로가 분명히 드러나기 때문입니다. 롤스는 우선 우리 인간은 누구나 무엇이 정의이고 무엇이 불공정인지 직관적으로 알아볼 정의 감각을 갖추었다고 보았습니다. 그동안 과학은 실험을 통해 이 정의 감각을 숫자로 확인해주기도 했습니다.

미국 심리학자이자 행동경제학자인 댄 애리얼리Dan Ariely는 2011년 동료 마이크 노턴Mike Noton과 함께 미국 국민을 상대로 사회의 부가 어떻게 분배되어야 하며, 현재 어떻게 분배되고 있다고 여기는지 묻는 설문 조사를 벌였습니다.[56] 설문 조사는 미국 국민을 다섯 부류로 나누고, 각 부류마다 미국 전체 재산의 몇 퍼센트를 차지하는 것이 적당한지 물었습니다.

설문에 응한 미국인이 보는 부의 이상적인 분배는 대략 이렇습니다. 가장 부유한 부류는 30% 정도를, 극빈층은 최소한 10%는 가져야만 합니다. 이런 관점은 남성이냐 여성이냐, 민주당 성향이냐 공화당 성향이냐 하는 차이는 중시하지 않았습니다.

이에 반해 부가 사회에서 실제로 어떻게 분배되어 있다고 보느냐는 물음에 설문 참가자들은 최상위 부유층이 거의 60%를, 최하위층은 5% 미만을 가진 것으로 본다고 응답했습니다.

그럼 진짜 현실은 어땠을까요? 설문 조사가 실시된 시점에서 다섯 개 등급으로 분류한 가운데 최상위층은 전체 부의 85%를, 빈곤층과 극빈층 두 부류가 가진 부는 전체의 1%에도 채 미치지 않았습니다. 바꿔 말해서 미국 사회의 부의 분배는 그 구성원이 보는 것보다 훨씬 더 불공정합니다.

이 설문 조사 이후에도 빈부 격차는 더욱 빠르게 늘어났습니다. 새로운 연구에서는 상위 1%의 재산이 갈수록 늘어나고 있음을 보여주었습니다. 미국은 전체 자산의 40%를 상위 1%가 차지합니다.[57]

전 세계 상황도 거의 다르지 않습니다. '세계 불평등 랩World Inequality Lab'은 글로벌 차원에서 빈부 격차가 어떻게 전개되는지 다루는 연구 기관입니다. 2018년부터 전 세계 100여 명의 연구자들이 작성한 보고서는 빈부 격차가 1980년부터 꾸준히 증가하고 있음을 보여줍니다.[58] 이 기간 동안 세계 인구의 최상위 부유층은 전 세계 자산 증가분의 4분의 1을 자신들의 몫으로 가져갔습니다. 0.1%의 최상위 부유층은 거의 40년 동안 하위

50% 계층의 자산 증가분과 같은 액수의 재산을 늘렸습니다.

이런 데이터는 우리가 원하는 대로 얼마든지 다르게 돌려 표현할 수 있습니다. 글로벌화가 이뤄진 이래 경제성장이 만들어낸 자산은 많은 빈민에게는 약간의, 극소수의 부자들에게는 엄청난, 대다수의 중산층에게는 미미하거나 전무하다시피 한 증가분을 안겼습니다.

세계 불평등 수준을 다룬 이 보고서는 또한 적극적으로 분배 정책을 펼쳐 사회 불균형을 해소하려는 국가에서 빈부 격차가 격심하게 벌어지지 않는다는 점을 보여주기도 합니다. 이는 빈곤 퇴치를 실제 정치 목표로 설정할 때 빈곤이 빠르게 사라질 수 있음을 의미합니다. 빈곤 퇴치는 밀물이 모든 배를 띄운다는 낙수 효과로는 절대 이뤄질 수 없습니다.[59] 즉, 국가의 규제 없이도 경제성장이 부수적으로 빈곤을 사라지게 한다는 건 착각일 뿐입니다.

그렇다면 불평등을 줄이기 위해 우리가 계속 경제성장에만 매달릴 필요가 있을까요? 오히려 재화와 자원, 그리고 기회가 우리의 이상에 가까워지도록 분배하는 일부터 시작해야 하지 않을까요? 그 첫걸음으로 우리는 전 세계 GDP의 10%를 보건 체계와 교육 시스템, 재생력을 가진 농업과 재생에너지 공급을 위해 써야 합니다. 이런 안전망이 구축되어야 구매력이 없는 사람들도 최소한의 안전장치를 누릴 수 있습니다.

전 세계 GDP의 10%는 8조 2천억 달러입니다. 엄청난가요? 그런 돈이 어디서 나오냐고요?

이 금액은 프랑스 출신의 경제학자인 게이브리얼 주크먼 Gabriel Zucman이 계산해낸 것으로, 전 세계 부자들이 이른바 '조세 피난처'에 숨겨놓은 돈입니다.[60] 세금은 공익을 위한 투자의 경우 일반적으로 면제됩니다. 만약 이처럼 면제되는 세금을 일회적으로 철회하고 30%의 세율만 매긴다 하더라도 전 세계적으로 2조 7천억 달러가 공공 예산으로 확보될 수 있습니다. 이 정도 예산만 가져도 세계 국가 공동체는 빈민의 생활 안정을 위해 아주 많은 투자를 할 수 있다고 주크먼은 그의 책 《국가의 잃어버린 부》°를 통해 말합니다.

어떻게 해야 이런 불균형을 바로잡을 수 있을까요? 아니, 그보다 왜 우리는 이런 불균형이 빚어지고 있는 것을 솔직하게 이야기하지 않을까요? 문제를 문제대로 직시하는 첫걸음이 떼어져야 해결책이 찾아질 게 아닌가요?

빌 게이츠 같은 사람을 예로 들어 살펴봅시다. 이런 사례는 문제의 본질을 파악하는 대신 겉으로 드러난 오류만 바로잡으려 할 때 오히려 문제가 더 꼬일 수 있음을 보여줍니다. 아무튼

° 책의 원제는 《The Hidden Wealth of Nations》(국가의 숨겨진 부)이나, 국내에 나온 번역판의 제목을 참조했다.(옮긴이주)

차근차근 살펴보죠.

우선 빌 게이츠는 재산을 물려받은 게 아닙니다. 그의 막대한 재산은 뛰어난 아이디어로 사업을 벌여 얻은 성과물입니다. 이 세상의 거의 모든 사람이 마이크로소프트의 상품을 알거나, 그것을 가지고 일합니다. 300억 달러가 넘는 자산을 출연해 세운 빌&멀린다 게이츠 재단은 벌써 오래전부터 에이즈나 결핵 또는 말라리아와 같은 질병을 퇴치할 백신을 개발하고, 아프리카 사람들의 식량난을 해결하려고 노력해왔습니다. 이렇게 해서 보건과 교육과 식량 프로젝트들을 위해 민주적으로 선출된 정부보다 훨씬 더 많은 돈을 쓰고 있지요.

빌 게이츠가 매년 자신의 자가용 비행기로 배출하는 이산화탄소는 그럼 좋은 투자일까요? 각 나라의 정부가 충분히 해결하지 못하는 문제들을 그가 자비를 들여 다루고 있다니 최고가 아닌가요?

물론 누군가 손수 이런 문제에 신경 쓴다는 것은 대단한 일입니다. 그러나 정부가 야당, 법원 또는 유권자에게 통제를 받는 반면, 게이츠 재단은 누구를 어떻게 도울지, 어떤 쪽과 협력할지 모든 것을 스스로 정합니다. 무엇을 하고 어떤 방식으로 할지 누구의 간섭도 받지 않습니다. '글로벌저스티스나우Global Justice Now'라는 시민운동 단체는 게이츠 재단이 '몬산토Monsanto' 같은 생화학 제조 기업이나 '카길Cargill'이라는 곡물 유통 대기업이 아프리카 시장으로 진출할 길을 열어주었으며, '몬산토'나 '맥도날드'와 같은 기업의 주식을 소유했거나 소유하고 있다고 밝혔습니다.[61] 물론 어떤 투자를 하고 무슨 방법으로 돈을 벌든 빌 게이츠와 그의 재단의 자유이기는 합니다.

미국의 저널리스트 아난드 기리다라다스Anand Giridharadas는 2018년에 펴낸 자신의 책 《엘리트 독식 사회Winners Take All》에서 어떻게 이런 형태의 자선사업이 일종의 면죄부 거래, 곧 실질적인 정책 변화나 부의 분배 또는 부자로 누리는 특권의 포기 없이 또 다른 형태의 수익 사업으로 자리 잡았는지 조사한 결과를 밝혔습니다.

"우리 시대의 승자들은 정의가 실현되기 위해 그들 가운데 누군가 양보를 하거나 심지어 희생해야 한다는 생각을 좋아하지 않는다."

기리다라다스가 쓴 글입니다. 승자의 입에서 자신의 특권이 실제로는 부당하게 얻어진 것이라거나, 정의를 위해 자신의 신분과 지위를 포기할 각오가 되어 있다는 이야기는 거의 들을 수 없습니다. 뭔가 선행을 베풀고, 이로써 감사를 수확할 수 있다면 승자는 흡족할 뿐이라고 기리다라다스는 부연합니다.

"하지만 그들에게 세상에 폐를 덜 끼칠 수 없냐는 말은 절대 하지 마라."[62]

쏨쏨이가 큰 배포가 정의는 아닙니다.

'재분배'라는 말은 항상 누군가가 자신의 것을 덜어서 베풀어주는 것으로 여기는 반면, 다른 쪽, 그러니까 그들보다 덜 성공하고 덜 영리하고 덜 사업적인 사람들은 그 은혜에 감격해하며 후원에 감사해야만 하는 것 같은 느낌을 줍니다. 그러나 최고 경영자들이 하필이면 1980년부터 해당 기업의 평균 직원보다 1,000배는 더 똑똑하고, 빛나는 사업 아이디어를 자랑하며, 성실하게 일했다는 것인지 참 알다가도 모를 일입니다. 정말 그래서 최고 경영자 연봉은 1,000% 증가하는 동안 근로자들은 평균 12% 증가에 만족해야 할까요? 미국 기업에서 1978년부터 벌어지기 시작한 연봉 증가율 차이는 현재 정확히 1000% 대 12%입니다.[63]

토마 피케티가 《21세기 자본》에서 근면한 자세가 부의 축적을 가져온다고 자랑하는 자본주의를 비판하는 대목에서 밝혔듯, 불평등이 빚어지는 원인은 경영자가 폭발적인 생산성을 보여주어서가 아니라, 국가가 이들에게 주는 각종 세제 혜택 때문입니다. 또한 피케티는 어떤 한 기업의 고액 연봉자가 다른 기업의 고액 연봉자와 서로 이사 자리를 주고받으며 연봉을 끌어올리는 꼼수도 서슴지 않는다고 지적합니다.

정의는 분배에 대한 정의만 뜻하는 게 아닙니다. 정의는 기회의 공정함도 의미합니다. 사람들이 기본 욕구를 충족시키며 살아갈 수 있는 동등한 기회는 물론이고, 적어도 출발선상에서

만큼은 같은 조건을 갖도록 사회가 기회를 베풀어주어야 합니다. 이런 동등한 기회는 국가가 보장해주어야 합니다.

얼마 전 '세계자원연구소World Resources Institute'에서는 산업화 이후 이산화탄소 배출량을 각 국가별로 나타낸 그래프를 발표했습니다.[64] 그래프는 미국이 1850년부터 2011년까지 전 세계에서 배출된 이산화탄소의 누적량 가운데 27%를 배출했음을 보여줍니다. 영국을 포함한 유럽연합의 국가들은 25%를 배출했습니다. 그 뒤로는 상당한 간격을 두고 중국과 러시아와 인도가 따릅니다. 이런 비교는 물론 지구 북반구가 온난화를 막으려 시도하는 노력이 이들 나라의 막대한 에너지 소비로 인해 헛수고로 돌아간다는 점은 외면합니다.

그래프가 보여주듯, 우리는 개발을 밀어붙이느라 세계 기후에 계속 빚을 져왔으며, 인류는 앞으로도 오랫동안 이 빚의 부담에 시달려야 합니다. 이런 사실로부터 다른 국가들이 최소한 미국만큼 이산화탄소를 배출할 수 있어야만 정의가 실현된다는 결론은 나올 수 없습니다. 또 미국이 지금까지의 생활 방식을 포기하고 이산화탄소 배출을 줄일 리도 만무합니다. 그렇다면 국가들 사이에 다른 방식으로 조정이 이루어져야만 합니다.

어떻게 해야 이런 조정이 이뤄질 수 있을까요? 아마존의 열대림을 예로 들어볼까요? 독일의 대표적 정부출연 연구 기관인 '헬름홀츠 협회Helmholtz-Gemeinschaft'°의 환경연구 분과는 아마존 열대림이 760억 톤의 이산화탄소를 저장하고 있으며, 매년 6억 톤의 이산화탄소를 흡수한다는 것을 밝혔습니다.[65] 아마존 열대림은 기후변화를 막을 중요한 요지이며, 세계가 힘을 모아 지켜야 할 소중한 자산입니다. 지구의 이 녹색 허파에 2019년 헤아리기도 어려울 정도로 많은 불이 난 것을 두고 프랑스 대통령 에마뉘엘 마크롱Emmanuel Macron이 안타까움과 근심을 표현한 것은 조금도 놀라운 일이 아닙니다.[66] 그런데 열대림의 대부분은 브라질 영토에 속합니다. 브라질 대통령 자이르 보우소나루Jair Bolsonaro는 외국 정부 수반이 아마존 열대림에 난 불을 두고 왈가왈부하는 것은 내정간섭이라고 불쾌감을 토로했습니다.

아무튼 전형적인 갈등입니다.

브라질은 높은 GDP를 자랑하는 서구 산업국가들과의 경제협력을 원합니다. 브라질과 같은 수준의 1인당 국민소득을 가진 나라를 국제적으로 부르는 명칭은 '개발도상국'입니다. 이런 국가들은 산업국가 클럽에 가입할 수 있기를 간절히 원합니다. 바로 그래서 브라질도 열대림을 활용한 경제성장을 원합니다.

○   독일 최대의 과학 및 기술 공공 연구소다. 4만 명이 넘는 연구원과 6조 원에 달하는 연구 예산을 자랑하는 연구 협회이며, 정부로부터 예산을 지원받되 철저히 독립성을 보장받는다.(옮긴이주)

목재뿐만 아니라 그 아래 묻혀 있을 것으로 추정되는 천연자원, 그리고 무엇보다도 열대림 개간을 통한 농지 확보로 콩 농사를 짓고 소를 풀어놓을 목초지를 확보할 수 있을 것으로 기대합니다. 브라질은 세계 최대의 소고기 수출국[67]이자, 두 번째로 큰 규모의 콩 수출국[68]입니다. 콩은 앞에서도 언급했듯, 독일에서 소와 돼지에게 먹이는 사료입니다. 유럽은 남아메리카와 이른바 '메르코수르Mercosur 협약'°을 맺어 더욱 많은 교역에 박차를 가하고 있습니다.

열대림 보호라는 문제에서 유럽이 브라질을 비난하거나 심지어 비웃을 자격이 있을까요? 그 계획이 잘못된 것이라고 브라질에 손가락질할 수 있을까요?

독일이나 영국 같은 국가는 이미 내키는 대로 자국의 자원을 거침없이 파헤쳤습니다. 그리고 다른 나라가 이 문제에 간섭하지 못하게 철벽을 쳤습니다. 예를 들어 석탄을 채굴하지 않고 그대로 두었다면 우리는 지금처럼 심각한 이산화탄소 문제로 씨름하지 않았을 것입니다.

한국의 경제학자 장하준은 2002년에 펴낸 책 《사다리 걷어차기Kicking Away The Ladder》에서 북반구의 산업국가가 예전에 경

° 'Mercosur'는 'Mercado Common Sour'의 줄임말로, 1995년에 발족한 남미공동시장을 이르는 표현이다. (옮긴이주)

제성장을 위해 썼던 방법을 어떻게 개발도상국에게 금지시키는지 설명했습니다. 자국의 경제 보호를 위한 높은 관세, 불법 복제 생산 또는 핵심 산업의 집중 육성 등, 이 모든 방법은 미국이나 영국, 독일 또는 일본이 한때 즐겨 썼던 것이며, 오늘날에도 성장을 부추기기 위해 거듭 쓰는 방법입니다.

"권력의 정점까지 올라간 사람이 그 사다리를 간단하게 걷어차는 것은 상당히 영악한 짓이다."

장하준이 쓴 글입니다.[69]

어떻게 하면 파괴를 향해 나아가는 이 경쟁에서 우리는 빠져나올 수 있을까요? 어떻게 하면 서로 대립하는 대신 협력하는 자세로 더불어 살아가고, 사회적 공존과 생태 보존이라는 목표가 조화를 이루게 할 수 있을까요?

제가 보기에 그 방법은 미래를 생각하는 것입니다. 어떤 부분만이 아니라 전체를 중시하는 관점으로 우리는 미래를 대비하는 자세를 가져야 합니다. 존 롤스가 제안한 '무지의 장막'에서 보았듯, 우리가 직감적으로 올바르다고 느끼는 정의는 서로 다르지 않습니다.

설문 조사에서 미국인들이 답한 이상적인 분배, 곧 전 세계 GDP의 10%에 해당하는 조세 피난처에 숨은 8조 2천억 달러를 세계인구 가운데 극빈층 20%를 위해 쓰자는 분배를 예로 들어보겠습니다. 이 액수를 극빈층에게 나눌 경우, 1년에 1인당 1만 달러 정도됩니다. 하루에 27달러입니다. 이에 비추어볼 때 제가 '인간과 행동'이라는 장에서 제안했던 극빈층의 생활비 기준, 곧 하루에 7.4달러 또는 15달러는 조금도 과장된 게 아닙니다. 오히려 세계은행이 극빈층 지수로 내세운 하루 1.9달러가 정말 터무니없는 금액입니다. 하루에 1.9달러로 목숨을 부지할 수 있다고 인정하는 사회는 분명 롤스가 지적했듯, 오만과 무지함에 물든 사회일 것입니다.

유엔이 발표한 지속가능 개발 목표 가운데 하나는 "누구도 뒤처지는 일이 없도록" 불평등을 줄이자는 것입니다. 그러나 지구의 제한된 자원을 생각한다면, 이 구호는 이렇게 바뀌어야 합니다.

"누구도 앞질러 가지 말자."

이런 마음가짐이면 우리는 심지어 '보이지 않는 손'이 많은 사람들의 화합을 이끌어내는 조건에 가까워질 수 있습니다. 독일의 물리학자이자 경제학자인 올리버 리히터즈Oliver Richters와 안드레아스 지모나이트Andreas Simoneit의 책 《시장경제를 수리하라Marktwirtschaft reparieren》에 나오는 다음의 구절을 음미해볼까요?

"사유재산은 책임감을 키워 소홀히 다루는 일이 없도록 만들어준다. 그러나 사유재산이 절대선이라고는 말할 수 없다. 사유재산을 지키려는 책임감 외에도 우리는 개인에만 머무르지 않고 사회라는 공동체를 이루려는 책임감도 가져야 하기 때문이다. 사회적 책임감은 서로 모르는 사람끼리도 협업과 분업을 할 수 있게 해준다. 사회적 책임감은 축적이 아니라 나눔을 가능하게 만든다. 사유재산은 다른 사람의 자유를 제한하지 않는 지점에서 끝나야 한다. 다시 말해서 사유재산이 과도한 권력 축적으로 이어져 파종하지 않았음에도 수확하는 일만큼은 반드시 막아야 한다."[70]

절대 빈곤의 기준을 높여 잡는 것이 상위층에게도 도움을 준다는 관점은 틀린 말이 전혀 아닙니다. 최근 사회학자들이 여러 연구를 통해 확인한 이 사실은 팀 카서가 물질주의의 심리적 효과로 묘사했던 것과 딱 맞아떨어집니다. 기회의 평등에서 멀어질수록, 가치를 오로지 돈과 소유 또는 명성으로만 여길수록 사회는 불안해진다고 사회학은 진단하기 때문입니다. 기회와 부가 공평하게 분배되지 않는 사회에서는 부유층도 심한 스트레스를 받습니다.

2019년 미국의 법학자 대니얼 마코비츠Daniel Markovits는 《엘리트 세습The Meritocracy Trap》이라는 책을 통해 왜 이런 종류의 '실력주의meritocracy'가 모두에게 피해를 입히는지에 관해 썼습니다. 이 책이 펼치는 논지는 《정의란 무엇인가Justice : What's the Right Thing to Do?》의 저자 마이클 샌델Michael Sandel도 이미 선보인 바 있습니다. 이들은 고액 연봉을 받는 사람이 자신의 실력과 재력을 과시하기 위해 필요 이상으로 지나친 소비를 한다고 지적합니다. 이런 과시욕 탓에 인생 전체가 균형을 잃으며, 심지어는 건강마저 해치는 경우가 발생한다고 합니다.

과시욕은 이미 유치원 다닐 때부터 시작됩니다. 부모는 자신의 재력을 과시하기 위해 아이를 굳이 최고급 유치원에 보냅니다. 나중에 이런 엘리트 유치원이나 학교를 다닌 아이는 평범한 학교에 다닌 동년배에 비해 세 배는 더 높은 스트레스를 받는 것으로 밝혀졌습니다. 실리콘밸리의 고액 연봉자들의 자녀는 고등학교 시절 54%가 우울증 증세를 보였으며, 긴장 증후는 증등도에서 심각한 수준인 학생의 비율이 80%가 넘었습니다.[71] 은행원이라는 직업은 9시에서 5시까지 한시도 긴장을 늦출 수 없는 업무 강도에 노출됩니다. 아니, 오전 9시에서 오후 5시가 아니라, 오전 9시에서 다음 날 새벽 5시까지 스트레스에 시달린다고 봐도 무방합니다. 이렇게 일하다 보면 무엇 때문에 사는지 인생의 의미는 물론이고, 가족과 친구를 위한 시간, 그리고 무엇보다도 건강을 잃게 됩니다. 그럼에도 최상위층에 속한다는 자부심을 과시하기 위해 높은 수입은 꼭 필요합니다.

상향 조정된 빈곤층 기준이 무엇을 뜻하는지 알고 있습니까? 이는 곧 사회의 많은 문제가 건강하게 해소되며, 합리적으로 선의의 경쟁을 하는 분위기가 조성됨을 의미합니다. 이런 분위기가 조성될 때 사회는 공정함을 추구할 뿐만 아니라, 인생의 품격을 높이고 결속을 다질 수도 있습니다.

그러면 건강한 사회의 미래 지향적 관점은 환경 문제를 어떻게 다루어야 할까요? 아마존의 열대림과 연관된 흥미로운 사례는 에콰도르의 대통령 라파엘 코레아Rafael Correa가 한 제안입니다. 비교적 협상이 상당히 진척되었던 이 제안은 부유 국가들이 갹출한 자금으로 펀드를 조성해 에콰도르 경제를 지원하는 것입니다. 그 대가로 에콰도르 정부는 아마존 지역의 야수니Yasuní 국립공원 지반 아래 묻혀 있을 것으로 추정되는 석유 개발을 하지 않겠다고 약속했습니다. 결국 협상은 불신 탓에 수포로 돌아갔습니다. 펀드 자금이 소진되면 에콰도르가 석유에 손을 댈 게 아니냐는 의구심이 컸기 때문입니다.

그러나 이 문제는 정치적으로 의지만 가지면 충분히 풀 수 있습니다. 블록체인과 같은 최신 기술을 활용해 펀드 자금을 안정적으로 관리할 '트랜스퍼transfer', 곧 국제수지조정기구 같은 새로운 제도를 의지만 있다면 얼마든지 만들 수 있기 때문입니다. 사회적 목표와 생태적 목표 사이에 이해 충돌은 일어나지 않습니다. 오히려 두 목표는 서로 조화를 이룹니다.

이런 방향으로 나아가려는 노력의 또 다른 예는 노벨상을 수상한 엘리너 오스트롬Elinor Ostrom°을 중심으로 한 생태경제학자들이 제안한 이른바 '지구 대기 신탁Earth Atmospheric Trust'입니다.[72] 개인이 배출하는 이산화탄소의 허용량을 정해두고 이 한도를 넘기면 그 초과분에 해당하는 금액을 신탁에 적립하자는 것이 이 제안의 골자입니다.

이렇게 적립된 돈은 그 일부를 국민에게 조건 없이 나누어주고, 남은 돈은 에너지 시스템을 친환경적으로 바꾸거나, 기후 보호 사업에 투자합니다. 이산화탄소를 배출할 일이 별로 없는 빈곤층은 이로써 두루 혜택을 누리게 될 것입니다. 독일에서도 이산화탄소 배출량에 따른 적립금 제도를 만들자는 비견할 만한 제안이 논의된 바 있습니다.[73] 이 제안은 학파를 막론하고 모든 경제학자들이 쌍수를 들어 환영했습니다. 거부하는 사람은 오히려 따가운 눈총을 받았지요.

그러나 이미 유럽연합 차원에서 비슷한 모델이 있습니다. 이른바 '유럽 노력 분담European Effort Sharing'입니다. 간단하게 말해서 '부담 나누기'라는 이 모델은 탄소 배출권 거래로 구체적인 실행력을 얻었습니다. 이에 따라 독일은 기후 정책을 빠르게 바꾸지 않는다면 이웃 국가들에게 600억 유로의 벌금을 내야만 합니다.[74]

이 모든 것이 여러분에게 낯설게 들릴 수는 있습니다. 그러

○ 미국의 정치학자이자 경제학자로, 2009년 여성으로는 최초로 노벨 경제학상을 받았다. 공공 자산을 사회 구성원이 두루 활용하는 방안을 연구한 것으로 잘 알려졌다.(옮긴이주)

나 큰 그림에서 우리는 이 방향으로 나아가야만 합니다. 미래 지향적 사고는 어려운 게 아닙니다. 과거에 자원을 집중적으로 활용한 개발 덕분에 오늘날 막대한 재산을 획득한 사람들은 그만큼 더 많은 기여를 해야 합니다. 솔직히 그럴 능력도 충분하지 않습니까? 이런 개발의 덕을 보지 못한 다른 사람들을 생각해서라도 마땅히 부자는 빚을 갚는다는 자세로 기후변화를 막는 데 일조해야만 합니다. 그저 배포 좋게 쓰라는 말이 아닙니다. 이런 노력이 바로 '정의'를 뜻하기 때문입니다.

우리는 위기의 시대를 살고 있습니다. 그리고 위기 앞에서는 개인적으로 잃을 것에 집착해봐야 별 의미가 없습니다. 차라리 우리는 남은 자원이라도 공동으로 활용해 위기를 극복할 방안을 찾는 일에 집중해야만 합니다.

예를 들어 몇 년 전 엘베강에서 일어났던 홍수를 생각해볼까요? 위기를 맞아 사람들은 저마다 자신이 할 수 있는 것을 찾아 팔을 걷어붙이고 구슬땀을 흘렸습니다. 모래주머니, 트랙터, 화물차, 텐트, 노동력, 정보, 돈, 커피, 차, 샌드위치 등 각자 힘이 닿는 데까지 서로 도우며 위기를 이겨냈습니다.

그런데 오늘날 우리는 어떻게 하고 있습니까?

모래주머니가 너무 볼품없네, 트랙터가 너무 작지 않나, 텐트에서 어떻게 자나, 그 정보가 정말 120% 확실한가, 자네는 강에서 멀리 떨어졌다고 요것밖에 내놓지 않는 건가, 거 커피가 너무 묽잖아, 운운해가며 허송세월만 하는 게 아닙니까? 안타깝지만 이런 태도로는 위기가 더 심각해지기만 할 뿐입니다. 물은 계속 차오르는데 이런 허튼 말씨름만 벌이고 있을 건가요? 머리를 맞대고 우리는 위기를 극복할 더 나은 길을 찾아야 합니다.

정의는 글로벌 차원에서 지속적인 경제를 일구어갈 열쇠입니다. 정의에 충실할 때에만 우리는 생태 문제가 사회 문제와 충돌하는 것을 막을 수 있습니다. 두 문제는 사실 하나의 문제이며, 서로 맞물릴 때에만 풀립니다. 이 새로운 정의를 위해 우리는 성장 신화가 섬기는 성스러운 소 몇 마리를 잡아 제물로 바친 다음, 다른 길을 찾아나서야 합니다. 그래야만 우리는 지칠 줄 모르고 우리 뒤를 따라다니는 성장 신화를 떨쳐버릴 수 있습니다.

생각과 행동:
우리에게 가장 시급한 생각과
행동은 무엇인가

오늘날 돈만 있으면 위대한 가치도 이룰 수 있다는 꿈이 우리 시대의 특징이라 여기는 사람은 적지 않다. 그렇지만 창의성을 틀 안에 가두어 최적화하고 생산성을 극대화하려는 집착 탓에 우리가 생명이라는 가슴 벅찬 신비와 맞물려 살아간다는 점을 잊은 게 아닌가 하는 불편한 느낌은 지울 수 없다.

— 마리아 포포바Maria Popova, 집필가

몇 년 전 제가 일하고 있던 '부퍼탈 연구소'는 에너지 시스템을 지속가능한 방향으로 재편하는 방법에 대한 일련의 세미나를 개최했습니다. 이 세미나에는 전 유럽의 기업, 지역 공동체, 정부, 시민사회 단체에서 재편 작업의 전략을 짜는 젊은 실무자들이 초대되었습니다.

무엇보다도 우리는 정책 결정을 내려야 하는 특정 조건들에 어떤 게 있는지 살피는 안목을 이 세미나를 통해 키우고자 했습니다. 미래의 에너지 정책을 수립하는 데 있어 어떤 조건이 현실적이며, 가능하거나 바람직한 조건은 무엇인지 우리는 차근차근 짚어나갔습니다.

말하자면 이런 조건은 우리가 들어가 있는 상자와도 같습니다. 우리가 생각하고 행동하며 살아가는 일상이 이런 상자입니다. 이 일상에서 잠깐이라도 나와 아주 작은 변화일지라도 새로운 생각의 단초를 찾는 일은 대단히 중요합니다. 이런 과정을 통해 혁신이 이뤄지기 때문입니다. 바깥에서 상자의 전모를 볼 수 있을 정도로 멀리 빠져나오는 자세가 중요합니다. 상자 자체를 바꿀 수도 있기 때문이죠.

세미나는 참가자들에게 과학적 지식을 제공하고 이를 기초로 가질 수 있는 새로운 관점에 어떤 게 있는지 함께 생각해보는 식으로 진행되었습니다. 우리는 참가자들에게 혁신의 변화 과정이 어떻게 해야 촉발될 수 있으며, 이런 변화가 자리 잡기 위해서는 인내심을 가지고 노력해야 한다는 점을 보여주고 싶었습니다. 세미나가 끝나갈 즈음 대다수 참가자들은 어서 자신의 일자리로 돌아가 세미나를 통해 얻은 새로운 생각을 실천하고 싶어 조바심을 냈습니다. 적어도 제가 보기에 그런 인상이 강했습니다.

그런데 이 대목에서 저는 '우울한 월요일Fieser Montag' 이야기를 짚고 싶습니다. '우울한 월요일'은 독일인이라면 누구나 아는 표현인데, 주말에 잘 쉬고 재충전했지만 다시 판에 박힌 일상으로 돌아가야 하는 월요일의 암담함을 말합니다. 어떤 행사나 강연에서 신선한 영감을 받아 이제는 다르게, 무엇보다도 새롭게 해야겠다고 각오를 다지지만, 다시 일터로 돌아오기 무섭게 우리는 맥이 빠집니다. 같은 조직, 늘 똑같은 목표, 판에 박힌 업무·대화·회의 등 모든 것이 권태로운 일상 앞에서 한숨이 안 나올 수 없겠죠. 우리는 세미나 참가자들에게 바로 이 순간을 맞을 준비를 시켜주고 싶었습니다.

저는 독자 여러분도 같은 준비를 하길 바랍니다. 제가 이 책을 쓰면서 전달하고자 했던 메시지 덕분에 독자 여러분도 상자에서 벗어나는, 잠깐이라도 거기에서 빠져나오는 경험을 누렸기를 희망합니다. 그래서 여러분이 우리를 둘러싼 주변 세상을 다른 눈으로 보면 좋겠습니다. 지금껏 당연한 것으로 여겨온 이야기, 마치 모든 사람이 합의를 이룬 것만 같은 이야기를 전체 맥락에서 다시 살펴보고 그 안에 담긴 모순을 감지할 수 있으면 좋겠습니다.

이 책의 메시지를 통해 독자 여러분이 지속가능한 미래를 이루는 길로 나아갈 자신만의 아이디어를 길어 올렸기를 간절히 소망합니다. 이 미래라는 것은 자연과 인간이 화해하고 조화를 이룬 미래여야 합니다. 이 미래는 최대 다수의 최대 행복이라고 사탕발림을 하는 생활 방식을 거부하며, 우리 모두의 행복을 언젠가 바닥을 드러낼 유한한 자원에 종속시키는 경제를 허락하지 않는 미래입니다. 물질적 욕망을 부추기는 크고 작은 충동이 모두 잠재워져 마침내 우리 모두가 마음의 평화를 얻는 미래를 열어갈 수 있기를 저는 희망합니다. 이런 미래에서 우리는 다시금 서로 잘 나누면서 우리에게 주어진 것에 만족하는 법을 배울 수 있을 것입니다.

그런데 눈을 떠서 주위를 돌아보니 우리를 둘러싼 세계는 여전히 옛 세상입니다. 주변의 사람들, 살아가려면 어떤 식으로든 우리가 상대할 수밖에 없는 사람들은 변화는 무슨 변화냐며, 그냥 지금까지 해오던 대로 편하게 살자고 합니다.

이것이 바로 당신이 맞는 우울한 월요일입니다.

그러면 어떻게 해야 이 고집스러운 옛 세계를 바꿀 수 있을까요? 이 책을 읽은 독자 여러분은 희망컨대 변화해야만 한다는 저의 의견에는 동조해줄 것이라 믿습니다. 지금껏 해오던 그대로 하는 것은 선택할 수 있는 조건이 아닙니다. 그것은 제 발로 파국을 향해 나아가는 것과 다르지 않기 때문입니다. 심지어 우리가 아무것도 바꾸지 않는다 할지라도, 지금껏 우리가 알던 세상은 엄청나게 바뀔 것입니다. 무너지는 쪽으로!

앞으로 30년을 더 논쟁하고 제발 경제성장만큼은 건드리지 말아달라는 조건 아래 우리가 합의를 본다고 합시다. 그 30년 동안 잠시도 쉬지 않고 돌아가는 경제는 우리의 환경을 완전히 무너뜨릴 것입니다.

우리 인간은 모두 네트워크로 서로 맞물립니다. 원하든 원하지 않든 서로 영향을 주고받는 일은 피할 수 없습니다. 누군가 자신은 다르게 하겠다고 한다면, 우리는 그 다른 행동까지 계획에 반영해야만 합니다. 그러나 서로 영향을 주고받는 네트워크 덕분에 우리는 함께 뜻을 모아 변화의 방향을 정할 기회를 가질 수도 있습니다.

정확히 말해서 이런 기회는 곧 책임을 의미합니다. 다른 누구에게 기댈 게 아니라 우리 자신이 매일 하나씩 차근차근 변화를 이루어나가야 합니다. 비록 별거 아닌 것처럼 보이는 소소한 변화일지라도 이런 것이 쌓여야 우리가 원하는 진정한 변화가 찾아옵니다.

물론 책 한 권 읽었다고 해서 세상이 달라지지는 않습니다. 또 제가 책 한 권 썼다고 해서 세상이 달라지는 것도 아닙니다. 저는 어떤 거대한 산업국가의 정부 수장이 아니며, 다국적 대기업의 회장도 아닙니다. 아마도 독자 여러분 가운데서도 정치가나 기업 회장은 드물 것이 분명합니다. 그러나 설혹 일국의 대통령이나 대기업 회장이라 할지라도 그 권력과 영향력만으로 우리 사회와 환경을 다시 건강하게 일으켜 세우기에는 충분하지 않습니다. 강력한 권력을 가진 정치가나 경영자라 할지라도 자신이 원하는 쪽으로만 매사를 밀어붙일 수는 없기 때문입니다. 이런 부류의 사람들과 대화를 나누어보면서 저는 한편으로는 이들이 혁신과 투자를 진작하려 애쓰지만, 다른 한편으로는 사람들의 신뢰를 잃지 않으려 안간힘을 쓴다는 사실을 확인할 수 있었습니다. 정치든 경영이든 장기적인 안목으로 변화를 꾀하기 위해서는 신뢰가 반드시 필요하기 때문입니다.

저는 이 책에서 '사회계약'을 언급했습니다. 공공선을 위한 미래 지향적인 책임감을 우리는 국민으로서 요구할 권리를 가지지만, 무엇보다도 우리 스스로가 이런 책임감을 보이려는 자세를 갖추어야만 합니다.

민주주의는 선거 날만 기다리는 게 아닙니다. 정부 또는 대기업이 바람직한 방향으로 나아갈 수 있도록 우리가 먼저 솔선할 수 있어야만 합니다. 정치가나 경영자가 알아서 공동체를 위해 봉사하기를 기대하는 마음가짐만으로 민주주의는 발전하지 않습니다. 바람직한 변화는 이를 진지하게 원하는 우리 개개인의 의지가 모일 때 비로소 이뤄진다는 것이 현장을 지켜보며 얻은 저의 깨달음입니다.

다시 말해서 우리 각자의 의지가 가장 중요합니다. 의지를 키울 첫 행보는 앞서 말한 상자를 바깥에서 살펴보는 일입니다. 지금껏 당연하게만 여기고 그 안에 갇혀 지냈던 상자를 근본적으로 철저히 재검토함으로써 어떤 것이 환경보호라는 목적과 부합하는지 생각해볼 실마리가 주어집니다. 이런 실마리로 새로운 신념을 다지고 이에 알맞은 행동 모델을 세울 때 그다음 행보가 이어질 것입니다.

우주 비행사들이 우주 공간에서 찍은 최초의 지구 사진 이야기를 다룬 '새로운 현실'이라는 장에서 저는 어떤 사안이든 우리 인간이 이를 바라보고 그리는 그림이 어떤 것인지가 매우 중요함을 보여주었습니다. 사안에 어떻게 접근하고 그것을 어떻게 다룰지, 사안과 어떤 관계를 맺을지는 이 사안을 보는 우리의 관점이 결정합니다. 지구와 우리 인간을 다룬 그림, 무엇을 위한 발전인지, 기술은 어떻게 써야 하는지, 정의가 무엇인지 그려본 그림에 따라 우리는 미래의 세상을 어떻게 해야 바람직하게 꾸려갈지 해석하고 결정할 수 있게 됩니다.

저는 이런 그림 가운데 오늘날의 세상을 지배하는 몇몇 그림이 어떤 배경으로 생겨났는지 함께 묻고 생각해보고자 독자 여러분을 초대했습니다.

세계를 새롭게 생각해본다는 것은 저에게 해방의 날갯짓과 같습니다. 물론 끝없이 돌아가는 자원 개발이라는 컨베이어벨트를 당장 멈추는 일은 감당하기 힘든 부작용을 초래할 수 있습니다. 하지만 이런 컨베이어벨트 시스템을 새로운 관점으로 들여다봄으로써 우리는 뭐가 문제인지 분별할 안목을 키우고 창의적인 대안을 도출해낼 뿐만 아니라, 잘못된 시스템을 신뢰할 만한 재생의 순환으로 바꿀 용기를 키울 수 있습니다. 발상의 전환은 몇몇 권력자만이 일궈낼 수 있는 게 아닙니다. 우리 모두 자신의 위치에서 발상 전환에 기여할 수 있습니다. 그래서 이 책에서는 되도록 '우리'라는 주어를 많이 썼습니다.

물론 저의 의견에 동조할 수 없는 대목도 분명 있을 것입니다. 하지만 서로 충돌하는 생각을 통해서도 우리는 네트워크로 결합합니다. 의견 차이를 두고 우리는 화가 나서 소리를 질러가며 입에 담기도 힘든 욕설을 거침없이 주고받습니다. 이런 다툼은 지금 우리 주변에서 흔히 볼 수 있습니다. 그러나 보다 중요한 사실은 이런 다툼이 중요한 배움의 기회를 제공해준다는 점입니다. 자신이 무엇을 정말 중시하는지, 누구와 무엇을 나눌 각오가 되어 있는지, 무슨 생각으로 특정 주장을 하는지 솔직하게 생각을 주고받는 것만큼 좋은 배움의 기회는 없습니다. 그럴 리가 있나 하고 고개가 갸웃거려지는 독자라면 유치원의 아이들을 떠올려보십시오. 아이들은 서로 어울려 놀고 다투면서 성장합니다. 다툼을 통해 아이들은 언제나 나보다는 우리가 소중하다는 점을 배웁니다.

누군가 어떤 문제에서 달리 대안이 없다고 강하게 주장할수록 우리는 그만큼 더 면밀하게 그 배경을 살펴야 합니다. '면밀하게'는 말 그대로 정확히 살피라는 뜻입니다. 판에 박힌 답, 뭔가 그럴싸하게 꾸민 숫자놀음, 도대체 무슨 소리인지 모를 줄임말, 전문 용어 따위에 현혹되지 말아야 합니다. "당신은 참 따뜻한 심장을 가졌군요!" 하는 따위의 면피성 발언도 안 됩니다. 우리의 질문은 이제껏 당연하게 여기던 것을 혼란에 빠뜨려 다시금 생각하게 만드는 일종의 피드백 효과를 불러일으켜야 합니다.

사회에서 연쇄반응을 일으키는 피드백 효과는 그 사회가 발전할 방향을 바꿉니다. 당장 만족스러운 답을 얻지 못할지라도, 우리의 질문은 피드백 효과로 고정관념을 허물 수 있습니다. 바로 그래서 우리는 이런 피드백 효과를 충분히 의식하고 기존 질서의 배경을 캐묻는 질문을 멈추지 말아야 합니다. 유념하십시오! 질문할 줄 아는 사람이 세상을 바꿉니다.

위기를 맞닥뜨렸을 때 상자의 배경을 묻는 일은 상자의 어떤 부분이 달라져야 하는지 명확히 보여줍니다. 마치 서랍에 넣어두었다가 필요할 때마다 꺼내 쓰는 물건 같은 판박이 고정관념이 어디가 어떻게 잘못되었는지 확인할 수 있게 해주는 것이 질문입니다. 그리고 상자의 흔들림이 심할수록 새로운 생각은 우리에게 용기를 선물합니다. 오늘날 우리에게는 이런 용기가 절실히 필요합니다.

민주주의 사회에서 우리는 정치가의 용기에만 기대서는 안 됩니다. 민주주의의 주체는 국민이기 때문입니다. 국민은 힘을 모아 변화를 선도할 정치가를 지원해야 합니다. 표에만 매달리지 않고 변화의 진정한 비전을 보여주는 정치가에게 우리는 용기를 주어야 합니다. 모든 것을 돈으로 환산하고, 심지어 수단인 돈을 목적으로 삼는, 그래서 사회 기득권층 가운데서도 정상에 서려는 악습과 구습을 깨는 일은 우리에게 너무도 중요한 과제입니다. 지속성을 중시하는 사회를 꾸리지 못하게 하는 뿌리 깊은 욕구, 그럼에도 우리의 토론에서 거의 주목받지 못하는 그 욕구를 부채질하는 진짜 주범은 바로 '금융화'입니다. 우리가 살아가는 세상과 우리가 꾸리는 모든 관계를 오로지 돈으로만 평가하는 금융화가 모든 문제의 화근입니다.

가치를 창조하고 평가하는 데에는 협력과 분배 등 돈 말고도 얼마든지 많은 가능성이 존재합니다. 그럼에도 오로지 돈에만 목을 매는 문화는 우리를 상당히 취약한 상태에 빠뜨립니다. 그러므로 지속성 사회를 이루어가는 핵심 과제는 환경과 복지뿐만 아니라 재무와 경제도 함께 아우르는 조직을 다듬는 일입니다. 현재 우리를 옥죄는 상자의 벽면을 도배하다시피 한 숫자와 각종 구호는 재무와 경제가 만들어내기 때문입니다.

소비자의 용기도 중요합니다. 상품을 구매할 때 이를 생산한 기업이 어떤 곳인지, 오늘 이미 내일의 혁신을 준비하며, 이런 의지를 지키고 관철하는 기업인지 살피고 구매 결정을 해야 하기 때문입니다.

언론도 마찬가지입니다. 언론은 그저 화려하게만 치장된 경제성공 신화만 앵무새처럼 읊조려서는 안 됩니다. 그 화려한 배경 뒤의 실상을 충실히 보도하며, 관련 법안이 무엇을 목표로 삼으며, 무슨 반향을 불러일으킬지 충실히 분석하는 기사는 용기 있는 기자만이 쓸 수 있습니다.

회사의 결산 회계에 복지 및 생태와 관련한 가치를 반영하는 기업은 물론이고, 이런 가치를 중시하는 투자자에게도 역시 용기가 필요합니다. 시민들과 함께 머리를 맞대고 도시를 계획하는 시장도, 21세기가 필요로 하는 지식과 능력과 과감함을 교과서에 담아 학생들에게 전달해주려는 교육 당국도 용기가 필요합니다.

자기 효능감에 대한 확신과 경험만큼 위기 상황을 풀어갈 더 좋은 밑천은 따로 없습니다. 이런 확신과 경험은 자신감을 심어주고 방어적 수세에서 벗어나 적극적 해결책을 찾게 해줍니다. 그리고 이런 자신감을 바탕으로 소통과 협력에 힘쓴다면 우리가 꿈꾸는 것 이상으로 빠르게 다른 사람들도 고무되어 움직이게 마련입니다.

세미나를 끝내고 참가자들과 작별하면서 우리는 그들에게 세 가지만큼은 유념해주면 좋겠다고 당부했습니다. 다시 일자리로 돌아가 변화를 시도하려면 명심해야 할 주의 사항입니다.

1. 친절할 것
2. 인내심을 가질 것
3. 포기하지 말 것

좀처럼 진척이 이뤄지지 않는다면, 다시금 뒤로 물러서서 상자를 바라보며 혹시 다른 접근 방법이 필요한 것은 아닌지 검토해야 합니다. 변화를 촉발시킬 접점은 얼마든지 찾을 수 있습니다. 비전, 언어, 숫자, 인센티브, 프로세스, 사무실 인테리어, 또는 문화적 차이 등 접점은 의외로 가까운 곳에 있는 경우가 많습니다. 외부 전문가의 강연, 성공한 선구자들의 일화 또는 새롭게 얻은 응원 등은 항상 효과 만점의 방법입니다.

동료 운동가를 찾아보는 건 어떨까요? 장담하건대 당신이 밖으로 나와보면 생각했던 것 이상으로 많은 사람이 있을 겁니다. 어느 방향으로 가기 원하는지를 밝히고, 이를 표현할 적절한 언어, 접근법 또는 새로운 조직 형태를 찾으십시오. 케케묵은 고정관념을 지울 수 있는 일상의 이야깃거리가 많아질수록 새로운 방향은 보다 분명하게 드러납니다.

상자를 개조하는 데에는 여러 길이 있음을 기억하길 바랍니다. 그리고 상자를 개조하는 데는 용기 있는 사람들이 필요합니다. 다양한 능력과 기여도를 모두 소중히 여길 줄 아는 자세는 성공에 대한 긍정적인 메시지를 공유하고 퍼뜨리는 것 못지않게 중요합니다. 그리고 일이 생각처럼 풀리지 않았을 때는 서로 다독여주는 자세가 정말 중요합니다.

'우울한 월요일' 따위에 흔들리지 않아야 합니다. 일주일은 월요일을 빼고도 엿새나 됩니다. 그러므로 자기 자신에게 너그

럽고 친절한 자세가 매우 중요합니다. 심리학과 행복 연구가 주는 지침들을 기억하십시오. 환경을 지키고 조화로운 인생을 살고자 하는 자신의 의지가 바깥에서 주어지는 인정보다 확실한 추진력을 제공합니다.

문제의식이 충분히 널리 퍼지지 않은 경우에 사람들은 인정에 인색하기 마련입니다. 특히 상자 개조와 같은 개혁 과정에서는 오히려 극심한 저항이 일어납니다. 이럴 때의 황당하고 막막한 기분은 저도 잘 알고 있습니다.

외부의 반응에 신경 쓰지 말고 자신의 힘으로 할 수 있는 것부터 차근차근 풀어나가야 합니다. 내 힘으로 어쩔 수 없는 것에 매달려 처음부터 진을 뺄 필요는 없습니다. 우리가 하는 일에 주변에서 시큰둥한 반응을 보이거든 그러려니 넘어가야 합니다. 원래 품었던 의도가 빛을 바래지 않게 보듬어주는 것이 중요합니다. 감당할 수 있는 것 이상으로 책임을 떠맡으려 하지 마십시오. 환경을 지키고 미래 지향적 세계를 꾸리고자 하는 책임만 해도 우리에게는 벅차기 때문입니다. 여러분이 할 수 있는 것에 집중하십시오.

마지막으로 가장 중요한 것이 남았습니다. 어떤 경우든 절대 낙담하지 않고 유머와 웃음을 즐기는 것입니다. 미래를 만들어 나간다는 것은 즐겁고 보람된 인생을 사는 일입니다.

낡은 고정관념과 신화를 떨쳐버릴 때 과연 어떤 세상이 우리를 맞이할지 정확히 아는 사람은 없을 겁니다. 그러나 '이 정도 쯤이야' 하고 자신의 이익부터 생각해 전체의 안녕을 단 한순간이라도 외면한다면, '소소한 결정들의 폭거'는 순식간에 또 다른 말도 안 되는 신화를 만들어낼 겁니다. 꼭 기억하십시오. 전체는 부분들의 총합 그 이상이 될 것입니다.

주석과 출처

1. 다음 인터넷 주소를 참조할 것. 〈아폴로 비행 저널(Apollo Flight Journal)〉, https://history.nasa.gov/afj/ap08fj/16day4_orbit4.html

2. 로저 레벨(Roger Revelle), 한스 E. 수에스(Hans E. Suess), 〈대기와 해양 사이의 이산화탄소 교류와 지난 수십 년 동안 대기권의 CO_2 증가 문제(Carbon Dioxide Exchange Between Atmosphere and Ocean and the Question of an Increase of Atmospheric CO_2 during the Past Decades)〉, 《텔루스(Tellus)》, 인포르마 영국 유한회사(Informa UK Limited), 제9호(1권), 18~27쪽.

3. 이산화탄소 정보 분석 센터의 안내문을 보자. "1751년부터 화석연료 소비와 시멘트 생산으로 약 4천억 톤의 탄소가 대기권으로 방출되었다. 화석연료 사용으로 배출된 이산화탄소의 절반 정도는 1980년대 말부터 발생했다." 다음 인터넷 주소를 참조할 것. https://cdiac.ess-dive.lbl.gov/trends/emis/tre_glob_2014.html

4. 다음 기사들을 참조할 것. 〈어떤 인간도 갓 태어난 동물을 죽이고 싶어 하지 않는다〉, 《타게스슈피겔(Tagesspiegel)》, 2015년 3월 31일자(https://www.tagesspiegel.de/wirtschaft/gegenkuekenschreddern-kein-mensch-will-tiere-am-ersten-tag-toeten/11578688. html). 〈살육은 계속된다〉, 《쥐트도이체차이퉁(Süddeutsche Zeitung)》, 2018년 2월 29일자(https://www.sueddeutsche.de/

wirtschaft/kuekenschreddern–das–gemetzel–geht–weiter1.3924618).

5. 다음 기사를 참조할 것. 〈불에 타는 재고품? '쓰레기는 새로운 유행일 수 없다'〉, 《패션 유나이티드(Fashion United)》, 2017년 10월 19일자(https://fashionunited.uk/news/fashion/burning-apparel-deadstock-sadly-waste-is-nothing-new-in-fashion/2017101926370).

6. 〈우리 공동의 미래: 세계환경개발위원회의 브룬틀란 보고서〉의 독일어판 〈Unsere gemeinsame Zukunft〉, 폴커 하우프(Volker Hauff) 편집, Greven, 1987(www.nachhaltigkeit.info/artikel/brundtland_report_563.htm?sid=pvfd56tpehme3l8t9vfn4do4r2).

7. 로버트 솔로(Robert Solow), 〈자원의 경제 또는 경제의 자원(The Economics of Resources or the Resources of Economics)〉, 《아메리칸 이코노믹 리뷰 (American Economic Review)》, 1974, 제64호(2), 1~14쪽. 인용문은 11쪽.

8. 독일연방 자연보호청(Bundesamt für Naturschutz), 〈생태 서비스로서의 수분 Bestäubung als Ökodienstleistung〉(https://www.bfn.de/themen/natura-2000/eu-undinternationales/schutz-der-bluetenbestaeuber/bestaeubung-alsoekosystemdienstleistung.html).

9. 로버트 코스탄자(Robert Costanza), 루돌프 데 그루트(Rudolf de Groot), 폴 서턴(Paul Sutton), 샌더 판데어 플뢰그(Sander van der Ploeg), 샤롤린 앤더 슨(Sharolyn J. Anderson), 이다 쿠비스체프스키(Ida Kubiszewski), 스티븐 파 버(Stephen Farber), 케리 터너(Kerry Turner), 〈생태계 서비스의 글로벌 가치 변화(Changes in the global value of ecosystem services)〉, 《글로벌 환경 변화 (Global Environmental Change)》, 26호, 2014, 152~158쪽.

10 다음 기사를 참조할 것. 제임스 갬블(James Gamble), 〈세상에서 가장 중요 한 문제(The Most Important Problem in the World)〉, 《메디움(Medium)》, 2019년 3월 13일자(https://medium.com/@jgg4553542/the-most-important-problem-in-the-world-ad22ade0ccfe).

11. 이 인용문은 에른스트 프리드리히 슈마허의 책 《좋은 작업(Good Work)》 (1979)에서 발췌한 것이다. 독일어 판본의 제목은 《우리 시대의 종말(Das Ende unserer Epoche)》(Reinbek, 1980)이다. '슈마허 연구소'의 홈페이지에 도 이 문장은 인용되어 있다(https://www.schumacher institute.org.uk/about-

us).

12. 헨리크 노르트보르크(Henrik Nordborg)의 에세이는 다음 인터넷 주소에서 다운로드 받을 수 있다(https://nordborg.ch/wp-content/uploads/2019/05/Das-Gespenst-der-Fakten.pdf).

13. 독일연방 환경청(Umweltbundesamt), 〈전력 소비〉, 2020년 1월 3일자 (https://www.umwelt-bundesamt.de/daten/energie/stromverbrauch). 다음 자료도 볼 것. 독일연방 환경청, 〈에너지 생산 주체와 분야와 사용에 따른 에너지 소비〉, 2020년 1월 3일자(https://www.umweltbundesamt.de/daten/energie/energieverbrauch-nach-energietraegern-sektoren).

14. 다음 책을 참조할 것. 에른스트 울리히 폰 바이체커(Ernst Ulrich von Weizsäcker), 안두스 비크만(Andus Wijkman) 외 공저, 《우리 차례다(Wir sind dran)》, Gütersloh, 2018.

15. 다음에 인용된 것을 재인용함. 하인츠 D. 쿠르츠(Heinz D. Kurz), 〈이기심이 좋다〉, 《디 차이트(Die Zeit)》, 1993년 1월(https://www.zeit.de/1993/01/eigenliebe-tut-gut/komplettansicht).

16. 제이슨 히켈(Jason Hickel), 〈빌 게이츠는 빈곤이 줄어들고 있다고 말했다. 완전히 잘못된 발언이다(Bill Gates says poverty is decreasing. He couldn't be more wrong)〉, 《가디언(The Guardian)》, 2019년 1월 29일자(https://www.theguardian.com/commentisfree/2019/jan/29/bill-gates-davos-globalpoverty-infographic-neoliberal).

17. 데이비드 우드워드(David Woodward), 〈부조리한 성장: 탄소 제한 세계에서 글로벌 성장과 불평등과 빈곤 퇴치(Incrementum ad Absurdum: Global Growth, Inequality and Poverty Eradication in a Carbon-Constrained World)〉, 《세계 사회와 경제 리뷰(World Social and Economic Review)》, 2015, 4호.

18. 얀 괴벨(Jan Göbel), 페터 크라우제(Peter Krause), 〈수입의 발달: 분배와 균형과 빈곤과 역동성(Einkommensentwicklung – Verteilung, Angleichung, Armut und Dynamik)〉, 《독일연방 통계청 데이터 리포트 2018(Destatis Datenreport 2018)》, 239~253쪽(https://www.destatis.de/DE/Service/Statistik-Campus/Datenreport/Downloads/datenreport-2018-kap-6.pdf?_

blob=publicationFile).

19. 세계 불평등 연구소(World Inequality Lab), 〈전 세계의 불평등 보고서 2018〉, 11쪽(https://wir2018.wid.world/files/download/wir2018-summary-german.pdf).

20. 가보르 슈타인가르트(Gabor Steingart), 〈기업은 임의대로 주가를 조작하며, 국가는 그저 수수방관한다(Konzerne manipulieren nach Belieben die Aktien -und der Staat schaut einfach zu)〉, 《포커스(Focus)》 온라인판, 2019년 11월 8일자(https://www.finanzen100.de/finanznachrichten/ boerse/konzerne-manipulieren-nach-belieben-die-aktienkurse-und-derstaat- schaut-einfach-zu_H1907961083_11325544).

21. 타게스샤우(Tagesschau), 〈주주를 위한 막대한 배당금: 돈 찍는 기계 JP모건 (Milliarden für die Aktionäre: Geldmaschine JPMorgan)〉, boerse.ard.de, 2019년 7월 16일자(https://www.tagesschau.de/wirtschaft/boerse/jpmorgan-gewinne-101.html).

22. 린제이 맥고이(Linsey McGoey), 〈부의 지나친 편중을 막고자 하는 자본주의 사례(Capitalism's Case for Abolishing Billionaires)〉, 《이보노믹스(Evonomics)》, 2019년 12월 27일자(https://evonomics.com/capitalism-case-forabolishing-billionaires).

23. 〈새로운 가치를 창조한 여성(Neue Wert-Schöpferin)〉, 《경영인 매거진 (Manager Magazin)》, 2018년 8월호(https://heft.manager-magazin.de/ MM/2018/8/158462586/index.html).

24. 스탠리 제번스가 자신의 책 《석탄 문제(The Coal Question)》(London, 1865)에서 묘사한 패러독스(https://archive.org/stream/in.ernet. dli.2015.224624/2015.224624.The-Coal#page/n123/mode/2up)는 다음 자료에서 인용된 것을 재인용했다. 마르셀 헹기(Marcel Hänggi), 〈리바운드의 문제(Das Problem mit dem Rebound)〉, 《하이제 온라인(heise online)》, 2008년 12월 5일자(https://www.heise.de/tr/artikel/Das-Problemmit-dem-Rebound-275858.html).

25. 다음 자료를 참조할 것. 우베 슈나이데빈트(Uwe Schneidewind), 《위대한 전환(Die Große Transformation)》, Frankfurt am Main, 2018, 58쪽.

26. 그린피스(Greenpeace), 〈전기 자동차는 어떨까?(Wie steht's mit dem E-Auto?)〉(https://www.greenpeace.de/themen/energiewende/mobilitaet/wie-stehts-mitdem-e-auto).

27. 팀 잭슨(Tim Jackson), 피터 A. 빅터(Peter A. Victor), 〈녹색 성장의 찬성 논리를 풀어내기(반대 논리의 확립)[Unraveling the claims for (and against) green growth]〉, 《사이언스 매거진(Science Magazine)》, 2019년 11월 22일자(https://www.sciencemagazinedigital.org/sciencemagazine/22_november_2019/MobilePagedArticle.action?articleId=1540189#articleId1540189).

28. 홀거 홀처(Holger Holzer), 〈테슬라 사이버트럭은 아마도 유럽에서 인증을 받지 못할 것으로 보인다〉, 《한델스블라트(Handelsblatt)》, 2019년 12월 16일자(https://www.handelsblatt.com/auto/nachrichten/elektro-pickup-tesla-cybertruck-in-europamoeglicherweise-nicht-zulassungsfaehig/25338516.html?ticket=ST-40888407-bktfNHY7WE6wW5UKdJ6o-ap6).

29. 필립 슈타프(Philipp Staab), 《잘못된 약속(Falsche Versprechen)》, Hamburg, 2016, 75~76쪽.

30. 게오르크 프랑크(Georg Franck), 《관심의 경제(Die Ökonomie der Aufmerksamkeit)》, München, 1998.

31. 다음 자료를 참조할 것. 더글러스 러시코프(Douglas Rushkoff), 〈기술 문제의 잘못을 실리콘밸리에 물어서는 안 된다: 우리는 자본주의를 비난해야 한다(We shouldn't blame Silicon Valley for technologie's problems – we should blame capitalism)〉, 《쿼츠(Quartz)》, 2019년 1월 24일자(https://qz.com/1529476/we-shouldnt-blame-silicon-valley-for-technologysproblems-we-should-blame-capitalism). 연합통신(Associated Press), 〈구글 경영이사를 역임한 해리스가 말하는 기술의 인간 하락〉, 《센티넬(Sentinel)》, 2019년 8월 11일자(https://sentinelcolorado.com/sentinel-magazine/qa-ex-google-exec-harris-on-how-tech-downgrades-humans).

32. 슈테판 레세니히(Stephan Lessenich), 《우리 옆의 홍수(Neben uns die Sintflut)》, München, 2016, 196쪽.

33. 다음 두 가지 링크를 참조할 것.

https://www.aeb.com/media/docs/press-de/2019-10-02-pressemeldung-aeb-esd-abfallexporte.pdf

https://www.handelsblatt.com/unternehmen/handel-konsumgueter/abfall-deutschland-exportiert-mehr-muell-als-maschinen/25078510.html?ticket=ST-383546-sm0R3FsRz0KKBvfITbnN-ap2

34. 다음 자료를 참조할 것. 하인리히뵐재단(Heinrich-Böll-Stiftung), 첨단 지속 가능 연구소(Institute for Advanced Sustainability Studies), 독일 환경·자연 보호 연맹(BUND), 르몽드 디플로마티크 편집, 《토양 아틀라스 2015: 농토와 국토와 토지의 데이터와 팩트(Bodenatlas 2015: Daten und Fakten über Acker, Land und Erde)》(http://www.slu-boell.de/sites/default/files/bodenatlas2015.pdf).

35. 다음 자료를 참조할 것. 하르트무트 로자(Hartmut Rosa), 《활용할 수 없음 (Unverfügbarkeit)》, Wien & Salzburg, 2018.

36. 배리 슈워츠(Barry Schwartz), 《불만을 다스리기(Anleitung zur Unzufriedenheit)》, Berlin, 2004(이 책의 영어 원본은 2003년에 출간된 《Paradox of choice》다.).

37. 팀 카서(Tim Kasser), 《물질주의의 높은 대가(The High Price of Materialism)》, Cambridge, 2002.

38. 데렉 보크(Derek Curtis Bok), 《행복의 정치: 정부는 웰빙의 새로운 연구로부터 무엇을 배울 수 있을까(The Politics of Happiness: What Government Can Learn from the New Research on Well-Being)》, Princeton, N. J. 2010, 15쪽.

39. 아르민 팔크(Armin Falk), 〈나와 기후(Ich und das Klima)〉, 《디 차이트(Die Zeit)》, 2019년 11월 21일자(https://www.econ.uni-bonn.de/Pressemitteilungen/der-klimawandel-verhaltensoekonomisch-betrachtet-von-armin-falk).

40. 다음 자료를 참조할 것. 하인리히 뵐 재단(Heinrich Böll Stiftung), 〈다섯 개 기업이 세계시장을 지배한다(Fünf Konzerne beherrschen den Weltmarkt)〉(https://www.boell.de/de/2017/01/10/fuenf-agrarkonzerne-beherrschen-den-weltmarkt?dimension1=ds_konzernatlas).

41. '세계은행(WorldBank)' 홈페이지에 들어가면 각국의 GDP와 기업 가치를 확인할 수 있는 자료가 있다(https://data.worldbank.org/indicator/NY.GDP. MKTP.CD?view=map). 기업 가치는 다음을 참고할 것. https://www. statista.com/statistics/263264/top-companies-in-the-world-by-market-value

42. 마리아나 마추카토(Mariana Mazzucato), 《국가의 자본: 혁신과 성장의 다른 역사(Das Kapital des Staates: Eine andere Geschichte von Innovation und Wachstum)》, München, 2014, 서론.

43. 다음 자료를 참조할 것. 〈실리콘 식스(The Silicon Six)〉, 《페어 택스 마크(Fair Tax Mark)》, 2019년 12월(https://fairtaxmark.net/wp-content/uploads/2019/ 12/Silicon-Six-Report-5-12-19.pdf).

44. 다음 자료를 참조할 것. 〈정점에 오른 아마존(Amazon in its Prime)〉, 조세 경제정책 연구소(Institute on Taxation and Economic Policy), ITEP, 2019년 2월 13일자(https://itep.org/amazon-in-its-prime-doubles-profits-pays-0-in-federal-incometaxes).

45. 카렌 본(Karen Vaughn), 《보이지 않는 손(Invisible Hand)》, London, 1983, 997쪽 이하. 존 메이너드 케인스(John Maynard Keynes), 《자유방임주의의 종말(Das Ende des Laissez-Faire)》, München & Leipzig, 1926, 35쪽.

46. 다음 자료를 참조할 것. 밤베르크대학교, 〈예방적인 반송 관리와 반품 수수료 – 새로운 연구 결과(Präventives Retourenmanagement und Rücksendegebuehren – Neue Studienergebnisse)〉, retourenforschung.de, 2019년 2월 11일자 보도자료(http://www.retourenforschung.de/info-praeventives-retourenmanagementund-ruecksendegebuehren-neue-studienergebnisse. html).

47. 다음 기사를 참조할 것. 헤닝 야우어르니히(Henning Jauernig), 카탸 브라운(Katja Braun), 〈반송 공화국(Die Retourenrepublik)〉, 《슈피겔 (Spiegel)》, 2019년 6월 12일자(https://www.spiegel.de/wirtschaft /soziales/ amazonzalando-otto-die-retouren-republik-deutschland-a-1271975.html).

48. 이 연설문은 다음 인터넷 주소에서 볼 수 있다.
https://teachingamericanhistory.org/library/document/fi reside-chat-on-the-new-deal

49. 토마스 베쇼르너(Thomas Beschorner), 《현기증 일으키는 사회(In schwindelerregender Gesellschaft)》, Hamburg, 2019.

50. 유기농 식품의 시장 점유율은 다음의 인터넷 주소를 참고할 것. https://de.statista.com/statistik/daten/studie/360581/umfrage/marktanteil-von-biolebensmitteln-in-deutschland. 친환경 육류의 경우는 다음을 참조할 것. https://www.fleischwirtschaft.de/wirtschaft/nachrichten/Bio-Markt-Der-Umsatz-waechst-38580?crefresh=1

51. 란셋 지구 건강(The Lancet Planetary Health), 〈다이어트보다 더 많이〉, 2019년 2월호. 제3권, 2호(https://www.thelancet.com/journals/lanplh/article/PIIS2542-5196%2819%2930023-3/fulltext).

52. 식비 지출과 관련한 자료는 다음을 볼 것. https://de.statista.com/statistik/daten/studie/75719/umfrage/ausgaben-fuer-nahrungsmittel-indeutschland-seit-1900. 주거비 변화를 알려주는 자료는 다음과 같다. https://makronom.de/wie-die-veraenderung-der-wohnausgaben-die-ungleichheit-erhoeht-hat-28291

53. 슈테판 괴슬링(Stefan Gössling), 〈유명 인사, 항공 여행과 사회 규범(Celebrities, air travel, and social norms)〉, 《사이언스다이렉트(ScienceDirect)》, 제79호, 2019년 11월(https://www.sciencedirect.com/science/article/abs/pii/S016073831930132X).

54. 이른바 'CO$_2$ 시계'의 현황은 다음 인터넷 주소에서 확인할 수 있다. https://www.mcc-berlin.net/de/forschung/co2-budget.html

55. 《포브스》의 부자 순위는 다음 인터넷 주소에서 확인할 수 있다. https://www.forbes.com/billionaires/#36ccf2b9251c

56. 댄 애리얼리(Dan Ariely), 〈미국인은 보다 더 평등한 국가에서 살기 원한다(Americans Want to Live in a Much More Equal Country)〉, 《디 애틀랜틱(The Atlantic)》, 2018년 8월 2일자(https://www.theatlantic.com/business/archive/2012/08/americans-want-to-live-in-a-much-more-equal-country-they-just-dont-realizeit/260639). 다음 인터넷 주소도 볼 것. http://danariely.com/2010/09/30/wealth-inequality

57. 이 수치는 경제학자이자 불평등 연구가인 게이브리얼 주크먼(Gabriel

Zucman)이 통계 낸 것으로 다음 자료에 나온다. 페드로 다 코스타(Pedro
da Costa), 〈부의 불평등은 생각 이상으로 심각하며, 조세 피난처가 중요
한 역할을 한다(Wealth Inequality Is Way Worse Th an You Th ink, And
Tax Havens Play A Big Role)〉, 《포브스》, 2019년 2월 12일자(https://www.
forbes.com/sites/pedrodacosta/2019/02/12/wealth-inequality-is-way-worse-
than-you-thinkand-tax-havens-play-a-big-role/#1672b3ceeac8).

58. 이 보고서의 독일어 번역본은 다음 인터넷 주소를 볼 것. https://wir2018.
wid.world/files/download/wir2018-summary-german.pdf

59. 위와 같은 자료를 참고할 것.

60. 《포브스》의 다음 기사를 참조할 것. https://www.forbes.com/sites/
pedrodacosta/2019/02/12/wealth-inequality-is-way-worse-thanyou-think-
and-tax-havens-play-a-big-role/#1672b3ceeac8

61. 마크 커티스(Mark Curtis), 〈개발의 문을 열다: 게이츠 재단은 항상 선을 위
해 노력할까?(Gated Development: Is the Gates Foundation Always a Force
for Good?)〉, 《글로벌저스티스나우(Global Justice Now)》, 2016년 6월호
(https://www.globaljustice.org.uk/sites/default/files/files/resources/gjn_gates_
report_june_2016_web_fi nal_version_2.pdf)

62. 2015년 7월 29일 '아스펜 연구소(Aspen Institute)' 행동 포럼에서의 강연.
〈번성하는 세계, 시들한 세상, 그리고 당신(The Thriving World, the Wilting
World, and You)〉, medium.com, 2015년 8월 1일자(https://medium.com/@
AnandWrites/the-thriving-world-the-wilting-world-andyou-209ffc24ab90).

63. 제프 콕스(Jeff Cox), 〈CEO의 연봉은 지난 40년 동안 1,000% 증가해 노
동자 평균보다 278배 더 받는다(CEOs see pay grow 1,000% in the last 40
years, now make 278 times the average worker)〉, CBNC, 2019년 8월 16일자
(https://www.cnbc.com/2019/08/16/ceos-see-pay-grow-1000percentand-now-
make-278-times-the-average-worker.html).

64. 세계자원연구소(World Resources Institute), 〈누적된 이산화탄소 배출량
1850~2011(세계 총량의 백분율)[Cumulative CO2-Emissions 1850~2011(%
of World Total)]〉(https://wriorg.s3.amazonaws.com/s3fs-public/uploads/
historical_emissions.png).

65. 헬름홀츠 협회, 〈아마존 열대림의 이산화탄소 결산(Kohlenstoffbilanz im tropischen Regenwald des Amazonas)〉, 2019년 11월 8일자(https://www.ufz.de/index.php?de=36336&webc_pm=48/2019).

66. 클라우디아 크라프(Claudia Krapp), 〈삼림 화재, '기이한' 결과를 불러오다(Waldbrände mit 'ungewöhnlichen' Folgen)〉, 《연구와 이론(Forschung und Lehre)》, 2019년 10월 15일자(https://www.forschung-und-lehre.de/forschung/waldbraende-mit-ungewoehnlichen-folgen-2213).

67. 필립 헨리히(Philipp Henrich), 〈2015년에서 2020년까지 전 세계적으로 소고기를 많이 수출하는 국가(Exportmenge der führenden Exportländer von Rindfleisch weltweit in den Jahren 2015 bis 2020)〉, 《통계 자료(Statista)》, 2019년 10월 18일자(https://de.statista.com/statistik/daten/studie/245664/umfrage/-fuehrende-exportlaender-von-rindfleisch-weltweit).

68. 〈정보 그래프로 본 콩 세상: 통계 수치(Infografi ken Sojawelten: Die Zahlen)〉, 《트란스젠(transgen)》, 2019년 3월 20일자(https://www.transgen.de/lebensmittel/2626.soja-welt-zahlen.html).

69. 장하준, 《사다리 걷어차기(Kicking away the Ladder: Development Strategy in Historical Perspective)》, London, 2002, 129쪽.

70. 올리버 리히터즈(Oliver Richters), 안드레아스 지모나이트(Andreas Siemoneit), 《시장경제를 수리하라(Marktwirtschaft reparieren)》, München, 2019, 158쪽.

71. 대니얼 마코비츠(Daniel Markovits), 〈인생은 어떻게 해서 무한하고 끔찍한 경쟁이 되었나(How Life Became an Endless, Terrible Competition)〉, 《디 애틀랜틱(The Atlantic)》, 2019년 9월호(https://www.theatlantic.com/magazine/archive/2019/09/meritocracys-miserable-winners/594760).

72. 피터 반스(Peter Barnes) 외, 〈지구 대기 신탁을 창설하자(Creating an Earth Atmospheric Trust)〉, 《사이언스(Science)》, 제319호, 2008년 2월 8일자. 이 기사는 다음 인터넷 주소에서 유료로 열람할 수 있다. https://science.sciencemag.org/content/319/5864/724.2

73. 미하엘 자우가(Michael Sauga), 〈연구자들은 시스템 변화가 필요하다고 본다(Forscher halten Systemwechsel für nötig)〉, 《슈피겔》, 2019년 7월 12일

자(https://www.spiegel.de/wirtschaft/soziales/klimasteuerder-co2-preis-soll-nicht-die-staatskasse-fuellen-a-1276939.html).

74. 아고라 에너지 전환과 아고라 교통 전환(Agora Energiewende & Agora Verkehrswende), 〈2018년 연방 예산에 반영된 기후변화에 대처하지 못해 치러야만 하는 비용(Die Kosten von unterlassenem Klimaschutz für den Bundeshaushalt 2018)〉(https://www.stiftung-mercator.de/media/downloads/3_Publikationen/2018/Oktober/142_Nicht-ETS-Papier_WEB.pdf).

※ 인용된 자료들 가운데 독일어 번역본이 없는 경우에는 저자가 직접 번역했음을 밝혀둔다.

인용문 출처

1. 〈초대장〉 도입 인용문

폴커 하우프(Volker Hauff) 외 편집, 〈우리 공동의 미래: 세계환경개발위원회의 브룬틀란 보고서〉, 바르바라 폰 베흐톨스하임(Barbara von Bechtolsheim) 역, Greven, 1987, 302쪽.

2. 〈새로운 현실〉 도입 인용문

1952년 '내셔널 북 어워드(National Book Award)'를 받고 레이철 카슨이 한 감사 연설. 다음 자료를 참조할 것. 미국 화학협회(American Chemical Society) 편집, 〈레이철 카슨의 침묵의 봄이 남긴 유산(Legacy of Rachel Carson's Silent Spring)〉, 2012년 10월 26일자(https://www.acs.org/content/acs/en/education/what ischemistry/landmarks/rachel-carson-silent-spring.html).

3. 〈자연과 생명〉 도입 인용문

조지프 테인터(Joseph A. Tainter), 《문명의 붕괴(The Collapse of Complex Societies)》, Cambridge, 1988, 50쪽. 'PLSclear'의 허가를 받아 복제함.

4. 〈인간과 행동〉 도입 인용문

다음 자료에서 재인용함. 제레미 렌트(Jeremy Lent), 《패턴 본능(The Patterning Instinct)》, Amherst, 2017, 398쪽.

5. 〈성장과 발달〉 도입 인용문

조지프 스티글리츠(Joseph Stiglitz), 〈'GDP' 같은 측정 항목을 폐기할 때다. 그런 것은 중요한 것은 측정하지 않는다(It's time to retire metrics like GDP. They don't measure everything that matters)〉, 《가디언(The Guardian)》, 2019년 11월 24일자(https://www.theguardian.com/commentisfree/2019/nov/24/metrics-gdp-economic-performance-social-progress).

6. 〈기술의 진보〉 도입 인용문

제레미 렌트, 《패턴 본능》, Amherst, 2017, 378쪽. 'PLSclear'의 허가를 받아 복제함.

7. 〈소비〉 도입 인용문

유머 작가 로버트 퀼른이 자신의 칼럼에서 '미국주의'를 묘사한 표현. 〈조항(Paragraphs)〉, 《디트로이트 프리 프레스(The Detroit Free Press)》, 1928년 6월 4일자.

8. 〈시장과 국가〉 도입 인용문

에릭 리우(Eric Liu) & 닉 하나우어(Nick Hanauer), 〈복잡계 경제는 왜 자유방임주의 경제가 항상 실패하는지 보여준다(Complexity Economics Shows Us Why Laissez-Faire Economics Always Fails)〉, 《이보노믹스(Evonomics)》, 2016년 2월 21일자(https://evonomics.com/complexity-economics-shows-us-that-laissez-faire-fail-nickhanauer).

9. 〈새로운 정의〉 도입 인용문

아난드 기리다라다스(Anand Giridharadas)가 2015년 7월 29일 '아스펜 연구소 행동 포럼'에서 한 강연. 아난드 기리다라다스, 〈번성하는 세계, 시들한 세상, 그리고 당신(The Thriving World, the Wilting World, and You)〉, Medium.com, 2015년 8월 1일(https://medium.com/@AnandWrites/thethriving-world-the-wilting-world-and-you-209ffc24ab90).

10. 〈생각과 행동〉 도입 인용문

마리아 포포바(Maria Popova), 〈어떻게 하루를 보내는가는 인생을 어떻게 사는가와 같다: 애니 딜리아드는 생산성보다 존재감을 택했다(How We Spend Our Days Is How We Spend Our Lives: Annie Dillard on Choosing Presence Over Productivity)〉, Brainpickings, 2013년 6월 7일자(https://www.brainpickings.org/2013/06/07/annie-dillard-the-writing-life-1).

감사의 말

이 글처럼 개인의 관심사를 오롯이 담아낸 책을 쓰는 일은 저와 동행해준 분들의 도움이 없이는 이뤄지기 힘듭니다. 우베 슈나이데빈트Uwe Schneidewind와 토마스 횔츨Thomas Hölzl은 저에게 굉장한 격려와 지원을 아낌없이 베풀어주었습니다. 울슈타인Ullstein 출판사의 편집자 마리아 바란코프Maria Barankow와 율리아 코지츠키Julia Kositzki는 지칠 줄 모르고 저와 보조를 맞추어주었습니다. 이분들에게 깊은 감사를 드립니다.

또 독일연방정부 글로벌환경변화학술자문위원회의 사무처에서 일하는 저의 동료들의 친절한 배려에도 감사를 전합니다. 이들은 규칙적이지 못한 나의 근무 시간에도 불구하고 모든 업무가 깔끔하게 정리될 수 있게 도와주었습니다.

마찬가지로 요나탄 바르트Jonathan Barth에게 진심으로 고맙다는 말을 하고 싶습니다. 성장 자본 문제를 다루는 부분은 그의 도움 없이는 집필이 불가능했습니다. 탄야 루치스카Tanja Ruzicska는 냉철한 시각과 더불어 따뜻한 가슴에서 우러나오는 웃음을 겸비한 놀라운 편집자입니다. 늘 지치지 않고 저와 동행해주어 고맙다는 인사를 전합니다. 그녀는 긍정의 아이콘 그 자체입니다!

더없이 깊은 감사를 받아 마땅한 사람은 저의 어머니입니다. 제가 동시다발로 여러 과제를 해결하느라 녹초가 될 때마다 흔쾌히 달려와 도와주었습니다. 어머니께 감사합니다. 그리고 저의 아버지도 2019년 저를 물심양면으로 지원해주셨습니다. 어머니, 아버지, 두 분은 제게 최고로 멋진 분들입니다!

더 많은 정보를 원하는 독자를 위해

다음은 더 자세한 정보를 알아보거나 실천 방안이 궁금한 독자를 위해 준비한 목록입니다. 각기 다른 성향과 활동 분야를 포괄할 수 있도록 다양한 분야를 취합하려 노력했습니다. 단체보다 플랫폼을 주로 다룬 이유는 인터넷 홈페이지를 통해 여러분이 더 많은 정보를 선택할 수 있게 하고 싶어서입니다.

더 생각해보기

팀 잭슨(Tim Jackson), 《성장이 없는 부유함-업데이트(Wohlstand ohne Wachstum-das Update)》, München, 2017; 이 책은 환경 관련 논의에 이정표를 제시했다는 평을 듣는 고전적 작품이다. 오늘날 팀 잭슨은 영국 서리(Surrey) 대학교의 '지속가능한 번영의 이해를 위한 센터(Center for the Understanding of Sustainable Prosperity, CUSP)'에서 해당 주제를 계속 연구하고 있다.

https://www.cusp.ac.uk

케이트 레이워스(Kate Raworth), 《도넛 경제-마침내 지구를 파괴하지 않는 경제 모델(Die Donut-Ökonomie: Endlich ein Wirtschaft smodell, das den Planeten nicht zerstört)》, München, 2018; 지구 자원의 상한선과 인간 사회의 하한선을 그려 보이는 도넛 상징은 2012년 유엔의 녹색경제 논의에서 선보인 개념이다. 케이트 레이워스는 이 책에서 양쪽 경계를 배려하는 새로운 경제를 주창했다.

www.doughnuteconomics.org

파반 수크데브(Pavan Sukhdev), 《기업 2020: 왜 우리는 경제를 새롭게 생각해야만 하는가(Corporation 2020: Warum wir Wirtschaft neu denken müssen)》, München, 2013; '도이체은행'에서 일한 경제학자이면서 현재 '세계야생생물기금(World Wildlife Fund, WWF)의 대표인 파반 수크데브는 유엔에서 '생태계와 생물 다양성 경제(The Economics of Ecosystems and Biodiversity, TEEB)'의 연구를 이끌었으며, 지속적인 기업으로의 개혁 연구에 힘쓰고 있다.

존 풀러턴(John Fullerton), 《재생 세계를 위한 금융, 자본 연구소, 2019-2021》; 투자 은행가로 경력을 쌓은 존 풀러턴은 생태계의 재생가능 원리를 경제 문제, 특히 금융 시스템의 재창조에 적용하는 싱크탱크를 설립했다.

https://capitalinstitute.org/regenerative-finance-2

마야 괴펠(Maja Göpel), 《정신의 위대한 변화: 지속가능성 전환과 새로운 경제 패러다임은 손에 손을 맞잡고 간다(The Great Mindshift: How Sustainability Transformations and a New Economic Paradigm Go Hand in Hand)》, Heidelberg, 2016; 이 책은 부퍼탈 연구소의 '시스템 혁신 연구 분과 2016'에서 교재로 쓰기 위해 전환 연구와 지속가능한 경제를 결합한 학술서다.

www.greatmindshift.org

이 교재의 핸드북 버전은 다음 링크를 볼 것.

https://epub.wupperinst.org/frontdoor/index/index/docId/6538

웰빙 경제 연합(Wellbeing Economy Alliance); 이 인터넷 사이트는 자연과 인간을 위한 경제를 연구하고 실험하며 관련 서적을 출간하는 단체와 개인들을 맺어주는 네트워크다. 국가들도 회원으로 가입했으며, 첫 번째로 가입한 회원국들은 경제적 부유함을 지금까지와는 다른 기준으로 측정한다.

www.wellbeingeconomy.org

새로운 경제를 위한 포럼(Forum for a New Economy); 새로운 경제를 이끌 모티
브를 찾기 위한 플랫폼
　https://newforum.org

《이코노믹스(Economics)》 온라인 매거진: 경제의 다음 진화(The Next Evolution
of Economics)
　www.evonomics.com

실천하기

#소비와 일상생활

지속가능한 상품
유토피아(Utopia) – 상품 구매 상담과 지속 가능한 생활을 위한 자료집 제공
　www.utopia.de
아보카도스토어(Avocadostore) – 지속가능한 상품을 취급하는 온라인 쇼핑몰
　www.avocadostore.de
그린피스(Greenpeace) – 농업 현장과 정치를 알려주는 정보
　https://www.greenpeace.de/themen/landwirtschaft

수단으로서의 화폐
공정 금융 가이드(Fair Finance Guide) – 은행의 금융 상품 정보
　www.fairfinanceguide.de
지속가능한 투자 포럼(Forum Nachhaltige Geldanlage) – 투자를 위한 정보
　www.forum-ng.org
금융 전환(Finanzwende) – 경제 투자 변화를 위한 시민운동
　www.finanzwende.de

지속가능한 여행

다른 여행 포럼(Forum Anders Reisen) – 지속가능성에 초점을 맞춘 여행 상품
    www.forumandersreisen.de

아트모스페어(Atmosfair) – 이산화탄소 감소를 위한 인터넷 사이트
    www.atmosfair.de

#기업과 단체

더 나은 회계

공익 경제(Gemeinwohl-Ökonomie)
    www.ecogood.org

공익 기업(Benefit Corporations)
    www.bcorporation.eu

글로벌 콤팩트(Global Compact) – 글로벌 지속성 목표를 위한 나침반
    www.sdgcompass.org

새로운 조직 형태

지역 가치 주식회사(Regionalwert AG) – 독일 전역에 걸쳐 투자자와 지속적 지역
경제를 결합하기 위한 시민 주식회사
    www.regionalwert-treuhand.de

목적 재단(Purpose Stiftung) – 직원들이 책임을 공유하는 법인
    www.purpose-economy.org
    www.entrepreneurs4future.de

정치적 책임

재단 2도(Stiftung 2 Grad) – 기후 보호를 위한 정치 규제를 요구하는 기업들
    www.stiftung2grad.de

윤리적 목적을 추구하는 은행 국제연합(Global Alliance for Banking on Values) –
필수적 규제에 어떤 것이 있는지 설명해주는 은행 사이트
    www.bankingonvalues.org

#확대 재생산 매체

교육

글로벌 목표 커리큘럼(Global Goals Curriculum): OECD 학습 나침반 2030(OECD Learning Compass)-2030과 협력해 글로벌 지속성 목표 도달을 위한 능력 함양

www.ggc2030.org

www.oecd.org/education/2030-project

매체

《퍼스펙티브 데일리(Perspective Daily)》

www.perspective-daily.de

《엔노름(Enorm)》- 사회 책임 매거진

www.enorm-magazin.de

《노이에 내러티브(Neue Narrative)》- 새로운 아르바이트를 위한 매거진

www.neuenarrative.de

개혁

일관된 순환경제

엘렌 맥아더 재단(Ellen McArthur Foundation)

www.ellenmacarthurfoundation.org

요람에서 요람으로(Cradle to Cradle)

www.c2c-ev.de

지역의 정책 변화

저먼 제로(German Zero) - 섭씨 1.5도 기후 법률과 지역 기후 결정 조직

www.germanzero.de

에코빌리지(Ecovillages) - 재생적 발달을 위한 전 세계적인 네트워크

www.ecovillage.org

연대 농업(Solidarische Landwirtschaft) - 지역사회 지원 농업 또는 작물 공유

www.solidarische-landwirtschaft.org

전환 타운(Transition Town) – 국제 네트워크

www.transitionnetwork.org

C40 시티(C40 Cities) – 전 세계의 대도시들을 연결한 네트워크

www.c40.org

국가와 유럽 차원의 정책 변화

독일 자연보호 연결고리(Deutscher Naturschutz Ring) – 사회 생태적 전환 지도

https://www.dnr.de/sozial-oekologische-transformation/?L=46

독일 지속성 전략(Deutsche Nachhaltigkeitsstrategie)

www.dieglorreichen17.de

독일의 좋은 인생(Gut Leben in Deutschland)

www.gutlebenindeutschland.de

SDG 워치(SDG Watch) – 유럽의 지속가능 목표 실천을 위한 시민사회의 동행

www.sdgwatcheurope.org

로마 클럽(Club of Rome) – 지구 위기 극복 모색

https://www.clubofrome.org/2019/09/23/planetary-emergency-plan

WWWforEurope – 새로운 경쟁력과 변화를 위한 연구 프로젝트 〈유럽의 복지,
부유함과 노동〉

https://www.wifo.ac.at/forschung/forschungsprojekte/wwwforeurope

사회 혁신 디자인

발전 센터의 협업정치 회의(Innocracy Konferenz des Progressiven Zentrums)

https://www.progressives-zentrum.org/innocracy2019

런던의 네스타 재단(Nesta Foundation)

www.nesta.org.uk

미래를 위한 새로운 생각

초판 1쇄 발행 2021년 9월 14일
초판 2쇄 발행 2022년 8월 17일

지은이 | 마야 괴펠
옮긴이 | 김희상
펴낸이 | 한순 이희섭
펴낸곳 | (주)도서출판 나무생각
편집 | 양미애 백모란
디자인 | 박민선
마케팅 | 이재석
출판등록 | 1999년 8월 19일 제1999-000112호
주소 | 서울특별시 마포구 월드컵로 70-4(서교동) 1F
전화 | 02)334-3339, 3308, 3361
팩스 | 02)334-3318
이메일 | namubook39@naver.com
홈페이지 | www.namubook.co.kr
블로그 | blog.naver.com/tree3339

ISBN 979-11-6218-168-3 03300